Win-Win에도
순서가있다

双赢的次序

韩国乐天百货创业人亲述合作的逻辑

李哲雨◎著　禹美玲 等◎译

ZHEJIANG UNIVERSITY PRESS
浙江大学出版社

中文版序
PREFACE

各位中国读者：

你们好！

自我开始从事零售行业的工作至今已经几十年了,我可以非常自豪地说,在这段时光里自己为韩国的零售行业贡献了绵薄之力。作为一名专业的经营者,我将过去在工作中学习到和感受到的内容进行了梳理,并在2013年出版了本书的韩语版。而在两年多以后的今天,能在中国出版本书的中文版,这令我感到万分荣幸。

我曾经在韩国市场开发中心工作过,之后又进入了三星集团的市场部从事营销工作。作为乐天百货的创业人员,我分别在乐天利、乐天超市、乐天百货担任过执行董事,后成为整个乐天百货的执行总裁,在乐天工作了四十余年。身为一个乐天人,一个零售业工作者,我一直为此而感到骄傲。

如今,我已经从商场中隐退,在首尔的西江大学经营系任教,向年轻人传授韩国的零售业历史和市场发展历程,希望能为今后韩国在全球市场中更活跃地发展而培养接班人,并为此贡献自己的一份力量。

乐天毫无疑问是韩国最好的零售企业之一,其脚步正向着全世界迈进,这也使得乐天百货和乐天超市在中国及整个东南亚地区广受欢迎并快速地发展壮大。

在最近一年多的时间里,通过乐天百货对中国零售市场变化的观察,我们近距离地接触了中国的零售行业,发现大批的国际零售企业已经在中国这个庞大的市场中展开了激烈的竞争。同时,通过访问韩国的中国游客的面貌,我也更深刻地体会到了全球零售行业的加速发展。

目前,中国已经成为全世界最大的零售市场。全球化企业在进入中国后,相互竞争将会更加激烈。因此,我们必须要用更高的服务质量来武装自己,尽力满足中国顾客的需求,而顾客也希望得到更高水准的服务。从企业经营的角度来看,这是很困难也很累人的事情,但是当我们一切都以顾客为中心来思考的时候,从顾客那里得到的回报将会更大。

如今,一家零售企业如果能满足中国消费者,在中国市场获得第一,那么其获得世界第一的可能性将会更高。也就是说,在中国成功意味着在世界成功的日子已经不远了。

企业存在的意义就是创造利润。但是,如果没有为企业献身的员工,没有顾客的青睐,那么这个利润是不可能获得的。企业为了生存,为了持续成长,就绝不能疏忽员工和顾客间的沟通。我作为乐天集团最高经营者,在多样化的企业文化中了解到,员工和顾客之间的沟通是最重要的企业文化。

再者,强调相辅相成和融合的时代已经来临。我认为,真正的双赢需要拥有优势的一方先做出让步,来照顾另一方才能实现。如果大企业或掌权人想要先获得利益,不仅不可能实现双赢,反而会在社会融合中成为绊脚石。最终,经营者丢失了经营的根本,只图短期利益却无法长久地维持企业的生命。经营者可以消失,他只是离开经营的终端;但是企业消失了,就再也没有未来了。

这本书通过各种事例讲述了成为一流的企业以及作为一流的企业,经营者需要做什么,如何做才能得到顾客的青睐。

中国的市场是充满无限发展可能的市场。我希望将四十余年来在韩国最好的零售企业中学习、感受和执行的所有内容,提供给那些不仅要在中国发展甚至还要进军世界的企业者和创业人,以及从事零售行业或者对这方面感兴趣的人,希望能为大家提供一些借鉴。

全世界的企业都在关注中国的消费者,全世界的消费者都在关注中国企业的成长和发展。我也一样,特别期待看到中国零售企业间炽热的竞争是如何促进行业发展的,并愿意为这些企业的经营者们加油鼓劲。最后,对《双赢的次序:韩国乐天百货创业人亲述合作的逻辑》一书在中国出版提供帮助的所有人表示感谢。

李哲雨

2015 年 4 月

前言
PREFACE

　　在大学，我的专业是农业经济学。当时的梦想，是要为韩国的中心产业——农业，贡献自己的力量。我大学毕业参军后，韩国的国情已经是以制造业为中心，集中国力在第二产业上。于是我也加入到这个队伍中，想要为韩国的经济发展贡献自己微薄的力量。我胸怀远大的抱负，攻读经营学专业的硕士学位期间，也对未来企业的发展方向思考良多。

　　我从事营销行业也有很长一段时间了，也亲身经历了韩国产业的发展历程。我相信，将来以营销为中心的服务业（即第三产业）会加速发展。在发达国家，第三产业已发展成为国家的主要产业。

　　我四十年前进入乐天百货公司，先后在各个部门都工作过。在乐天利、乐天玛特超市担任过执行董事，后重新回到娘家乐天百货，担任执行董事。

　　这本书涵盖了身为一名经营者，一名在营销终端工作的人，在经历问题、解决问题、思考问题的过程中的一些事例，实实在在地讲述了思考、判断、决定以及获得成果的过程。

经营者如果只注重短期的利益，而丢掉经营的中心理念，是无法使企业长久生存的。经营者可以离开营销的终端，但是企业不可以丢掉营销。书中介绍了经营过程中我所想过的、实践过的事情，以及从中领悟到的真理。现在想想，其实可以做得更好，有的时候也会反省当时的判断是否正确。每一个瞬间都有并肩作战的同事们，有在一旁加油鼓劲的友人，正是因为有了他们，企业才能走到今天。

这本书定名为《双赢的次序》是有原因的。在工作中存在着许多利害关系，我深刻地体会到年长的人、有势的人、有权的人或是这样的企业，需要先做出让步，双方才能相辅相生，共同生存。这是个强调融合相生的时代。本书中也多次强调，若想融合相生，强势的一方要向弱势的一方、被动的一方做出让步、照顾。只想获得利益的企业或个人，最终远离的不只是相辅相生，也会给社会带来负面影响。通过阅读这本书，不单是企业，个人也可以借机思考一下"双赢"的真正意义。

我并不认为我的想法经验都是正确的，一切事物都在不断地变化发展。我只是希望将我的想法和在长期的工作经验中总结的智慧，作为职场人、带领公司前进的领导和在终端克服各种困难的经营者们的一个小指南，特别是为在从事营销行业的人提供一些积极的信息。我相信他们将来会创造更好的企业、创造共同幸福生活的社会，并为此加油。

在营销行业工作的四十多年中，与很多人共事过、一起奋斗过，在这里对曾经一同奋斗过的人们表示感谢。

特别要感谢我人生的伴侣——我的妻子，能与我一同分享这本书的诞生，并在这里表达我的爱意。

李哲雨

2013 年 3 月

目录
CONTENTS

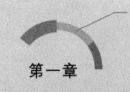

第一章

生存能力是最强的竞争力

考验可以提高挑战的可能性

只要不放弃，一定会有成功的机会。

只有企业生存，人才可以生存

大学毕业后，我加入了大韩商会旗下刚刚成立的韩国市场开发中心。1960年年末，当"市场"这个词在韩国还不太为人所知的时候，能和大学同窗们一起在市场开发中心工作，这让我极其兴奋。之后，我又在三星集团的市场部工作了一段时间，继而加入了新世界百货①的新事业部，负责开发连锁商店的业务，包括市场调查、企划和推广。当时，我们的工作是要开发零售市场，相当于现在的中小型连锁超市。但经过几年的经营，结果不尽如人意，也没有盈利。新

---

① 韩国新世界百货(SHINSEGAE) 1930 年曾作为日本的三越百货店京城分店开业，抗美援朝战争(韩国称之为韩国战争)结束后，成为韩国人运营的东和百货店。1963 年被三星集团收购，通过公开征名，改名为新世界百货店。韩国新世界百货的总店是韩国最早的百货店。——编者注

世界百货在评估了这个项目的价值后，决定退出这个市场，新事业部的职员们也陆续转岗到了其他部门，而部门的主要几位成员，由于项目的失败被裁了，我就是其中之一。

当时我是两个孩子的父亲，作为家里的顶梁柱和唯一的经济来源，突然被辞退，让一家人陷入了困境。当然我也有这样的自信，只要我愿意，一定可以找到一份好工作。因为在当时，拥有硕士学位可以找到一份待遇比较好的工作，甚至还可以到大学当教授。虽说如此，这次完全没有心理准备的失业也让我感触颇多，心急之下短暂地从事过与流通行业无关的工作。随后，我又作为创业人员被乐天百货①挖了过去。

"企业一定要生存下去。"

当时，这是我脑海中最重要的念想。企业没有盈利就会倒闭，一旦倒闭，员工也会失业。这样一来，不仅当事人，甚至连同他的家人，都会因此而无法维持生计。相反，企业如果经营得成功，就会需要更多的人力，也可以给更多人提供工作机会。

这样的道理我们在学校就学到过，为什么会遗忘呢？虽然不是自己的公司，但作为这项业务的负责人，应该努力将业务做成功。同时，反复地问自己，"我真的在认真做事情吗？"还是，"仅仅因为公司的要求在做市场调查，而不是主动地去思考新的经营模块和商品如何在市场中生存下去，并在市场中找到自身的地位？"在这个反思的过程中，我明白了一个道理——"没有企业

---

① 乐天百货由乐天集团于1979年创办，隶属于韩国乐天集团旗下，总店位于首尔市中区明洞附近。乐天集团（LOTTE）由韩裔日本人重光武雄（韩国名辛格浩）先生于1948年创立于日本东京，最初是食品制造商，后在韩国发展。在韩国开有酒店和百货公司。现在是全球著名的日韩联合企业。——编者注

就没有我。公司发展得好，我才能生存下去"，这也成了我日后工作中的一个信条。

作为拥有几十年企业经营管理经验的我，当然也听过别人说我做事只从公司策略出发，以及过于站在员工立场的评价。无论怎样，我做这一切的出发点都是，对员工来说，"发展公司，将它做强做大"才是最重要的。所以，我在处理事情的时候都会反复强调这一点，而且这么多年以来，我也一直怀揣着这种信念认真热情地工作。

只要不放弃，一定会有机会

没有烟的香烟、无色可乐、喷雾牙膏……不知道大家有没有听说过这些产品。美国密歇根州安阿伯市有一个非常有趣的 New Product Works 博物馆，也称作失败产品博物馆①。此博物馆陈列着近 7 万件在食品、美容、家电等行业里非常有创意却在投放市场后失败的产品，这些产品被标注为"美国历史上最失败的产品"，引来了不少人前来参观。

博物馆的创立者洛沃斯蒙莫斯，起初是为了收集市面上的新产品而做这项工作的。但每年上市的新产品中有 80%～90% 最后因不受消费者青睐而无声地消失在市面上，于是这里慢慢地变成了失败产品博物馆。抓住消费者猎奇的心理，让大家来观赏失败的产品，本身就是一个非常有意思的想法，但让人们能从这些失败产品中学到东西则更为有意义。对于一些没对失败的案例做认真的分析、却还在不断地研发新产品的企业来说，来这里参观学习的意义

---

① 失败产品博物馆坐落于美国纽约，该处应为作者误记。——编者注

也是不言而喻的。

没有人明明知道一件事会失败还要去尝试。人们往往会因为尽力而为后，却遭遇意料之外的失败而懊恼，但如果想扭转这种不断失败的局面，就需要从失败中吸取教训。

不管别人如何想，自己坚定信念不怕失败才是最重要的。只有敢于直面成功前的这些小考验，才可以轻松地面对结果。我们要相信这些考验仅仅是成功前的小插曲，遇到困难应该迎难而上。

任何一个人都有可能遭遇失败，但我们要成为摔倒后懂得站起来的人，人生真正的失败是怕困难而什么都不去尝试或做事情半途而废。我想到了现代集团的创始人郑周永会长的一句话："只要我活着，而且身体健康，允许有考验，但决不允许失败。"人们不要因为短暂的失败而倒地不起，而应该把它当作人生中的一次考验，勇敢去挑战才是正确的做事态度。

但是企业经营不可以失败，也不能失败。企业经营失败就意味着会从市场上消失，即企业会倒闭。企业一旦倒闭，员工就会失业。这就和进行保家卫国战争是一样的，在战场上会有输赢，但我们最终的结果决不能输。因为一旦输了战争，就等同于失去了家园。为了取得最后的胜利，可能会有无数次战斗，其中当然也会有赢有输，那我们要认真彻底地分析输的原因。只有这样，才可以在下一次的战斗中取得胜利。我们只有在无数次的战斗中吸取教训，才能在最后赢得战争。所以，无论你在战场上的争斗中是赢是输，你都必须让自己成为整场战争的赢家。

企业在产品开发或市场战略中都会有失败的可能，比如，新产品或新营销战略被竞争者抢先一步投放，新研发的产品得不到消费者的青睐……现实中会有不少这样的失败案例,但我们决不能因为一两次的失败而投降,我们必须要在市场上立稳脚跟,并得到消费者的肯定。

失败只是暂时的,只要不放弃就一定会有成功的机会。平昌冬季奥运会的申请过程,就是一个很好的案例。平昌是韩国的一个小城市,它自2001年开始申请举办冬奥会,前后两次都以失败告终。但平昌人没有放弃,在他们坚持不懈的努力下,最终在第三次的挑战中赢得了胜利,2018年冬季奥运会将在平昌举办。

乐天百货曾经计划在坡州开一家名品折扣商场,这个项目在选好址、即将购买土地时失败了,但我们最后在离首尔更近的郊区的一块更宽阔的土地上完成了这个项目。乐天玛特超市①扩张时期,正是沃尔玛、家乐福等海外知名企业从韩国撤离之时,当时多家韩国企业都在针对这两大巨头连锁的旗下业务作收购。由于收购金额过高,乐天百货错失了机会。当时我们是极其惋惜的,但多亏这次的失意,让我们更积极地增加店铺保有量并且提高服务质量,在质和量上都有了飞跃性的成长。俗话说,别人碗里的看起来更香。看着机遇从自己身旁溜走而被别人幸运地抓住会觉得非常可惜,但这也可以让一个人从中开始思考并得到成长。我们要尽快从错失机遇的悲痛中觉醒,为以后的路做准备,这才是最应该做的。如果一直懊恼,"当时那么做就好了",或者怨天尤人,"如果当时没有那么做,就不是现在这鬼样子",这种负能量就会源源不断而无法排除。我们应该更快地转变姿态,向前看。

---

① 乐天玛特超市(LOTTEMART)是乐天集团下属的专营大型超市的子公司,全书以下简称乐天玛特超市。乐天玛特超市于1998年首店开业(江边店),到2006年,跃居韩国大型超市行业第二,并在全球主要股票市场(伦敦、东京股票市场)上市。——编者注

要从失败中吸取教训，从成功中学会谦虚

人生也是同样的。爱迪生为了发明电灯曾失败过 1000 多次，各家企业的研发部门也在研发新产品过程中面临一次又一次的失败。他们会从失败中不断地寻找可能性，在反复失败后最终开发出成功的产品。

2010 年美国政府的一项调查显示，成功企业家的创业次数平均是 2.8 次。所以，做事情一次就能成功是困难的，也不是谁都能成功。成功之前的失败，是在为将来的成功做铺垫以及找出问题。

无论是年轻人还是年长者，在尝试过失败后，经常会下这样的结论，"差不多了"，"就这样吧"，"我不行"，等等。这样一来，承认失败后放弃，相应未来成功的可能性也会随之失去了。而经营者会不断地去尝试，当然也会经历许多考验，有成功也有失败。但很少会看到同一个人在同一件事上一直反反复复地失败，经营者要在失败中得到教训，在成功后学会谦虚。

经营者需要懂得取舍。有时需要放弃小利，集中精神为大事做准备，以大局为重。比如在一些事情上，考虑全局得失后中途及时做出终止的决定，对企业、消费者和相关职员来说都极其重要。

经营是一个在企业每件事情上争取赢的过程，企业成功才能代表经营的成功。所有的事情都做成功了，意味着与企业有利益关系的人都取得了最佳利益。

经营的最高境界是每一瞬间都能做出正确的决定。如果因为某一瞬间的得失而过于自满或轻易放弃自己的判断，就不能称之为有责任感的经营者。对于经营者来说，这样的要求是否称为"无期徒刑"呢？

优秀的竞争者是好导师

竞争是美好的，若有优秀的竞争者是值得感恩的。

竞争是相辅相成的出发点

"恭喜开业！为新的购物文化我们共同努力吧！"

这是 2009 年新世界百货釜山 Centum City① 店开业时，乐天百货 Centum City 店外挂的横幅内容。

新世界百货和乐天百货在同一个商圈经常会有激烈的竞争，位于釜山海云台的新世界百货和乐天百货的店面仅隔着 20 米。乐天百货 Centum City 店自从 2008 年开业以来，为釜山地区形成了新的商圈，也得到了很多日本观光客的青睐。但 2009 年 3 月，新世界百货 Centum City 店以拥有乐天百货 Centum

---

① Centum City(网络上亦称其为百城区)，是位于韩国釜山海云台区的一个大型复合式都市开发计划区，这里也坐落着全世界最大规模的百货店——新世界 Centum City 店。——编者注

City 店两倍的面积,以及更加便利多样的设施配备开业了。看到竞争者的大胆投资,让人既忐忑又钦佩。但令人意想不到的是,随着乐天百货以及新世界百货的入驻,Centum City 成了东亚地区最大的购物中心。消费者不仅仅是釜山市民,购物中心还吸引了大量来自日本、中国等地的国际观光客。乐天百货 Centum City 店因为新世界百货的到来有了危机感,对商品以及服务也更加用心了。

在全世界的电视机市场上,人们经常能看到三星电子和 LG 集团的市场占有率逐年上升的报道,现代汽车进入美国市场后也打败了日本丰田。韩国企业不仅是在韩国国内,在全球市场上得到的肯定也逐步增多。

在信息匮乏、无法及时了解国际市场信息的时代,人们一般可以看到开发的新产品独占特定区域或国家的市场,并遥遥领先的现象。但如今信息发达,所有的信息人们都可以在第一时间得知,因此好的商品不仅会受到全世界的瞩目,而且全世界的消费者都有可能会去购买它。

"21 世纪不存在永远的胜者,持续不断寻找新的竞争优势才是企业的生存之道。"竞争战略之父迈克尔·波特教授如是说。

企业是在不断变化的市场中经过竞争存活下来的。企业一家独大的垄断时代已经结束,只有先了解并满足消费者的需求,才能成为赢家。

消费者的生活方式也显现出了多样化的趋势,他们不再只忠于一个品牌或一款产品。他们会去寻找适合自己生活方式的产品,并且在仔细研究后才会去购买。这才符合现代人的理性消费观念。

垄断的时代,不只企业没有危机感,提供给消费者的产品种类也是有限的。比如说,三十多年前,在很长一段时间内,韩国国内市场上只有美白型的

Lucky牙膏。之后,各个公司都开始着重开发一些功能性的牙膏,随着像防蛀、防止口腔异味等牙膏的陆续上市,消费者在众多的牙膏中不知买哪款才好。

在企业经营中,竞争是无法避免的事情。因为有竞争,企业才会不断地研究差异化战略。会有没有竞争的第一名吗?世界上没有过的产品刚面世,当然可以在市场上独领风骚,但随着类似的产品或更棒的产品被开发出来,就会有竞争者出现。有竞争者进入市场,就意味着你的项目有成功的可能性。面对再好的市场,如果没有想要成为领头羊的自信心,还不如不要进入这个市场。一旦有竞争者加入,市场会越来越大。市场变大了,企业之间的竞争也会越来越激烈,从而扩大市场规模。

成长和发展的帮手——竞争者

竞争是企业发展的动力。竞争使企业一直处在紧张的状态下,就像齿轮不会生锈一样,不断地为发展而努力。竞争者的出现会让企业更加有危机感,会不断地发展创新,会为了保全领先地位而不断努力。有了强对手才会使自己更加优秀,受到刺激才会将自己的优势全面展示出来,并渐渐淡化自己的弱势。

竞争者不是敌人,是共同成长的伙伴,也是在现实中教导我们的好导师。所以,竞争是美好的,我们也要为有竞争者而感恩。

管理学大师汤姆·彼得斯曾说过,"没有比优秀的竞争者更好的祝福"。因为优秀的竞争者会时刻鞭策着你,让你不断进步。

麦当劳是乐天利①最大的竞争者。在和强大的企业进行竞争的情况下,乐天利充分了解了韩国消费者的特性,并且提供了相应的产品及服务,最终在韩国市场赢了麦当劳。

乐天玛特超市也因有强大的对手 E-Mart 和 Home Plus② 而变得更加努力,提高了市场占有率和顾客满意度。乐天百货也一样,"有新世界百货和现代百货这两个优秀的竞争者,是我们的福气"。

在战争中,只有打败了敌人我们才能活下来,但目前的企业环境并不是打败了竞争者,就可以在市场中存活。竞争不是一对一的战斗,而是在大的市场环境中,许多企业间的较量。这个时代面对的竞争并不是打赢某个对手,而是在竞争中创造更大的消费链,扩大市场规模。为了自身的安全,将竞争者赶出局的方式已渐渐消失。消费者有权利在市场中做选择,企业也应提供不同的产品和服务来满足消费者。竞争中共存,在扩大市场规模中起着举足轻重的作用。

善意的竞争,可促进行业发展

竞争需要公正,要本着公平竞争的精神进行。在准备开乐天高级折扣店坡州店时,就有过不愉快的竞争。当时我们花了两年的时间认真筹备,准备在

---

① 乐天利(Lotteria)是乐天集团旗下的一家跨国速食连锁店,名称源于其母公司乐天集团。乐天利最初由日籍韩国人辛格浩于日本东京建立,后在韩国得到发展壮大,是韩国最大的快餐店。——编者注

② E-Mart 是韩国新世界集团旗下的大型综合超市,其最大的特点就是"百货超市"的经营业态。Home Plus 是韩国三星公司旗下的大型综合超市。——编者注

坡州开一家高级折扣店,整个行业都知道这件事情。就在临签为期二十年的租赁合同时,受全球金融危机的影响,比起租赁土地主更倾向于卖土地。一家竞争对手得知土地主的意向后立即购买了那片地,让我们的计划在一夜间灰飞烟灭。由于事情来得太突然,我们痛恨明知我们计划的竞争企业的这种举动,也曾向该公司高层提出抗议,但因为无法律约束,只能以失望和可惜的心情放弃了这次的项目。"(对手这么做)是不是不合乎常理?"我们在开发市场的准备过程中花费了大量精力和时间,但竞争公司突然介入拿地,就显得竞争不那么光明正大。就算是在竞争激烈的生意场,是不是也该有应遵守的原则?那之后,我们开始物色新的地方,最终在坡州出版城附近找到了一片土地。虽然初期土地购买过程中也有过挫折,但结果还不错,我们拿到了比已经开业的竞争企业更宽广的土地,能提供给顾客新的家庭综合文化空间,可谓转危为福。

如果认为竞争是困难且乏味的,那企业将很难发展。竞争者越强,就越能激励我们发展。我们在竞争中共同成长,共同负担起将韩国企业推向全球的重要使命。竞争的另一个好处是,企业间在做差异化的竞争时,消费者也可享受更好的产品及服务。

《论语》中有这样的话,"见贤思齐焉,见不贤而内自省也";也有这样的话,"三人行必有我师焉,择其善者而从之,其不善者而改之"。有的人可能会成为别人的偶像,有的人则有自己钦佩的偶像。在企业间的竞争中寻找别人的长处,弥补自己的短处,是极其重要的。同时铭记,善意的竞争也是使相关行业整体提升的重要基石。

《比起成为伟大的企业,请成为受人爱戴的企业》这本书中也提到了关于"和谐竞争"的小插曲。2005 年 11 月,宜家在美国马萨诸塞州开第一家店时,在广宣活动上做了很多工作,工作人员将上百份宣传单发给周边居民,并且为顾客免费提供早午餐,还为儿童单独设置了娱乐房。更加有趣的是,临近的乔丹家具和好市多①都支持宜家开业,将自家停车场免费提供给宜家的顾客。乔丹家具还在路边挂出了"乔丹家具欢迎宜家入驻"的横幅。

如果仅仅把企业的竞争概念化地理解成"适者生存",是无法帮助竞争者的。那么,共同努力、成长的坚定意志,会不会使激烈的竞争转化为和谐的发展呢?

---

① 好市多(Costco)是美国第二大零售商、全球第七大零售商以及美国第一大连锁会员制仓储式量贩店。1983年成立于美国华盛顿州西雅图市,最早起源于1976年的Price Club公司。——编者注

没有顾客就没有企业

所有员工都站在客户的立场上考虑问题的公司，才能在竞争中生存。

时刻以消费者为中心

至 2011 年,乐天百货连续九年位居韩国生产协会和美国密歇根大学、《朝鲜日报》①共同做的"国家顾客满意度调查"百货领域第一名。

"国家顾客满意度调查"是认可企业为顾客满意而付出的努力,也会对业绩排行有影响,所以会引起多方的重视。在顾客满意度中得到认可,就意味着该企业为顾客尽全力服务,这应该感谢所有的职员。

站在做服务的立场,显然我们的服务水平已达到了世界顶级水平,我们的

---

① 《朝鲜日报》是韩国的三大报纸之一,是韩国历史最悠久的报纸。——编者注

企业为了顾客的需求而持续不断地进步,目前与任何发达国家同行业相比毫不逊色。全球经济萧条期,我们的百货商场品牌能够强势打开海外市场,也是我们消费者的功劳。

我经常去日本出差。每次去日本,有一家百货商店我是必去访问的,它就是被称为百货界神话的伊势丹百货。伊势丹百货有两个地方非常吸引人:一是店员对待消费者的真诚很让人感动;二是丰富的产品及奢华的商场氛围会使人惊叹不已。它绝对不愧被称为百货界的神话。

过去十五年,日本经历了严重的经济萧条期,百货界当然也受到了影响。每年下滑的业绩导致位居日本百货业前三的崇光百货破产,中小企业为了生存不断地被收购合并,地区城市火车站前华丽的商场也不得已退出了市场。但伊势丹百货的生意在这一时期持续增长,并在 2007 年收购了比它规模更大的三越百货,成为业界第一名。它成功的秘诀就是——以消费者为中心。

伊势丹百货“以消费者为中心”的最具代表性的表现,就是它呈现了卖场的另一种表达方式——买场。卖场给人一种卖货至上的感觉,而“买场”是来买东西的地方,强调消费者作为主人公来挑选需要的商品。使用这个用语之前,伊势丹百货的员工关注的是卖出去了多少,可以看出当时是“以企业为中心”的生意模式。但经过研究分析,生意不好主要是因为将卖场作为中心运作的百货商场,没有把消费者放在第一位,却期待消费者的光顾。“买场”则是消费者至上的思考模式。

从此,伊势丹百货以消费为导向,从服务到企业的其他部门业务都以消费者的需求为中心展开。

伊势丹百货的案例也警示了韩国百货界最应注重消费者,因为没有消费者就没有企业。我们的企业应以消费者导向作为生意的前提,为拉拢消费者而坚持不懈地努力。为了不把"消费者至上"仅仅当作一个口号,以下几项是一定要解决的课题:

第一,企业要彻底地站在消费者的立场上。只以企业立场出发的话,我们会自认为懂顾客需求。我们不能站在个人或管理者的立场上想问题,而是要从消费者的立场上出发。

第二,要寻找消费者的需求,并将需求研发成商品提供给消费者。好的商品和高质量的服务水平是最基础的因素。好的商品指的是符合消费者的需求且可以创造出新需求的产品;而要做到提供高质量的服务水平则需从消费者的角度出发,每个决定都坚决执行。

第三,要将合作企业当珍贵的顾客来对待。没有任何企业可以在无合作伙伴的情况下实现以消费者为中心的经营。了解合作企业的情况,建立双赢的关系,是非常有必要的。这样双方才能形成信赖的关系,有共同的价值观,企业也才能始终提供最好的商品和高质量的服务,从而感动消费者,赢得消费者的爱戴。如果企业存在的理由是实现消费者的价值,那么企业的一切活动都应该是以消费者为中心的。只有真正站在消费者的立场上经营企业,才可以成为竞争中的赢家。

对顾客敏感的企业才会发展得更快

在全球百货业业绩走下坡路时,唯独我们韩国的百货业发展得很好。百货商店的形态是从发达国家引进来的,但在各地的发展模式是全然不同的。

美国随着产业的发展,大量的生产以及交通便利聚集了许多人,形成了城市。城市里人越来越多,再加上国民收入的增加,自然而然就有了百货商店。比起说是由于人们的需求形成了这个行业,不如说是在产业发展过程中,流通行业越来越受人们的瞩目,从而发展起来的。

在韩国,由于不是通过人们的聚集而自然而然形成的百货商店的需求,百货商店需迫切收集客户源。尤其是近年来,顾客的需求更上了一层楼,需按年龄、购物形态、购物规模等认真进行分析。或许其他行业发展也是如此,但百货商店是直接接触消费者的,所以如果不认真地研究消费者的需求,稍有怠慢,将瞬间从竞争中被淘汰。

现在的消费者,不仅把百货商店当作买商品的地方,更希望在百货商店的购物可以得到最高品质的服务。消费者的观念已经从去百货商店只是为了购物,转变为百货商店可以为他们提供和家人一起购物、娱乐、消遣的一站式服务。为了跟上这样的变化脚步,为了给消费者提供有品位、有文化的购物空间,百货界整体发生了巨大的变化。我们为了差异化发展,试图开展一些公演、展览之类的"感性"服务,服务态度也从亲切升级为提供有"品质"的服务。在给员工培训的内容中,也有服务的本质是"理解他人、专心待客"等素质的培养。消费者可以在百货商店购物、用餐、看展览、喝茶、听名师教学等,同时它也成为家人一同看电影、参加各种商场活动的场所。

韩国的流通行业已进入了成熟期,再难看到当初成长的样子了。因此,企业不能像在萌动期、发展期、成长期一样,坚持原来的经营模式。跟随着消费者的需求变化,百货业需要不断变化和尝试新的思维方式。乐天百货从很久以前就已经开始跟随海外客户的需求,采取了相应的策略。另外,我们还倾向于在韩国国内发展高端奥特莱斯①项目,比如,品类杀手②(单一品类专门店)、综合购物中心等更接近消费者需求的项目。不管怎样,购物空间应该是提升购物价值和提高品位的地方。我们将来会在韩国郊外提供生活方式更多样化的购物中心,是大到整个家庭可以一起参与娱乐的体验空间和提升人气的地方。

　　近年来,我们国家购物中心的发展受到了全球的瞩目。流通行业聚集在一起,满足消费者的多重需求的新生活方式就是购物中心。虽然常用购物中心来表示,但它也称作购物乡或者购物地。2013年以来,常用mall③的形式描述,永登浦的新世界购物广场、金浦机场的乐天购物中心就是典型的例子。试图在韩国建设mall形态的购物空间第一人,是乐天集团的创始人申格浩会长。三十多年前,在明洞和小公洞一带坐落的乐天购物中心就是他的第一个代表作,蚕室乐天购物中心则是他的第二个代表作。蚕室乐天购物中心集酒店、百货商店、奥特莱斯、室内公园为一体,是提供消费者多种需求的综合体。相信将来的购物空间也会和现在有所区别,会朝着满足消费者更多样的需求和身心快乐的方向发展,我们可以从消费者的心理洞察到这样的需求趋势。虽说在韩国首先建立这样的购物环境的是乐天百货,但正是由于同行业伙伴们的共同努力,才有今日这样全球罕见的购物空间。

---

　　① 奥特莱斯(Outlets)又称"品牌直销购物中心",指由销售名牌过季、下架、断码商品的商店组成的购物中心。"奥特莱斯"是英文Outlets的中文直译。——编者注
　　② 品类杀手指的是营业面积较大,但商品品类经营较少的连锁专卖店,因为它们在比较小的商品品类范围内有较多的单品,能"杀死"那些经营同种商品的小商店。——编者注
　　③ Mall指购物商场、商业街。欧美地区的一种郊区大型娱乐购物中心,跟中国历史上的"瓦肆"类似,特指规模巨大、连成一体、包罗众多专卖店和商铺,集购物、休闲、娱乐、饮食为一体的商业中心或加盖的林荫道商业街。——编者注

　　企业应有随着时代和消费者的变化而随时变化的姿态。只有站在**变化发**展的前端，事先意识到变化的需求，并满足它的企业，才能成为受**消费者喜爱**的企业。我们正处于这样的时代。

用心服务

> （用心服务）不是用声音来吼，亦不是表面的笑容，而是人对人的发自内心的行动。

真诚的行动可以带来感动

不真诚的招呼无法打动顾客,就算满面笑容地应对顾客,但不是发自内心的,又有哪位顾客会对这种服务满意呢？服务培训是所有流通行业的企业全力去做并会大力投资的部分。但要想改变实际的服务质量,不能仅靠培训,充分地满足职员需求,建立感动职员的企业文化和系统,同样是不可缺少的。对待职员要像对待顾客一样,不,要超越顾客的待遇,充分尊重并且感动他们,他们才会同样去真心地感动顾客。

三十多年前,出差日本期间,我曾经经历过一次永生难忘的服务。那是在高岛屋百货日本桥店文具售卖区发生的一件事,之后我也经常会向我的职员讲述。在短暂的公务结束后,我打算去买一支平时很喜爱的 A 品牌的钢笔,但当时店里没有库存了。销售员说可以联系总部调货,但由于出差行程结束我立刻要回韩国了,因此感到万分惋惜。但销售员小心翼翼地请我等一下后,去拨通了电话,不久后她面带微笑地对我说:"先生,不好意思,您想要购买的这支钢笔虽然我们这里没有库存,但对面的丸善文具店刚好有一支,您如果方便的话可以去那里购买。"她还说,已经联系好了那家商场,如果我不是很赶时间的话,可以顺便去一下。所以,我去到了对面的丸善文具店,而这家店的店员像是早已知道一样,问我是否是从高岛屋百货过来的顾客,还把早已准备好的钢笔拿出来给我看。我被这种哪怕不是在自己店里售卖,却为顾客的需求如此尽心尽力的服务吓到了。回头再想一想,这也是帮助这个钢笔品牌提高销量啊!高岛屋百货的销售员完全可以给我推荐其他的钢笔款式,但他们实现了哪怕不能提高营业额、也要满足消费者需求的服务精神。

人们不会因为对方的行为没有达到自己的期待而立刻面露不满,但从态度中可以看到那人的心态,企业在卖产品的时候也是同样的道理。如果企业只急于赢得眼前的利益,顾客是能感觉得到的,那样的话,顾客不仅不会积极去购买,反而会再也不和这家企业往来。

我们不能只看眼前的利益,要站在长远的角度,好好考虑如何真心实意地为顾客着想,感动顾客。用心经营不是用声音去吼,亦不是表面的笑容,而是人对人发自内心的行动。

真心实意地做服务

亲切的态度是服务的基础,没有亲切感的组织是无法长久生存的。面对激烈的市场竞争,我们要做到比亲切的态度更深一层——对顾客真诚地服务。读懂顾客的心,同时将服务升级为高品质的服务文化,才能得到顾客的认可。若想让顾客感动,购物中心就需要提供高品质的服务、高品质的文化空间,打造差异化体验,包括提供多样的公演、展览项目等差异化的"感性"服务。

在提供产品或服务的现场引起顾客的不满,顾客会对销售员吼叫,例如"让经理出来"。当顾客不满时,由于销售员对这种突发情况的应变能力不足,常常会出现以上状况,销售员的权限太小了。但现在,乐天百货很少会有抱怨的顾客要求找老板。这是因为我们对销售员进行了充分的培训,教会他们突发事件处理的技巧,并给予他们充分的权力。同时,我们针对抱怨顾客的服务对策也在不断地完善。如今在乐天百货,很少会看到面对顾客的抱怨而不知所措的职员。我们努力倾听顾客不同的心声,也是这些不同的顾客心声使我们不断地发展、成长。

顾客传来的珍贵心声,以及职员们经历过的种种小插曲,都会成为员工培训手册中的案例。

听到顾客对我们的感谢之声,看到顾客为我们提供的服务而感到幸福,都会使我们感动,也激励我们变得更加优秀。听到顾客对我们的不满,会让我们思考,"原来我们还有提升的空间","原来顾客对这方面不是很满意","我们还要在这些方面多努力",等等。也会反复地扪心自问,"如果我是顾客,可能我也会这么想"。

没有顾客就没有企业。得不到顾客的肯定和喜爱,企业也没办法成长。但顾客是不断变化的,也许今天是我的顾客,明天却因为很细微的不满,不再和我们来往。对顾客"单相思"的企业是无法生存下去的,要从顾客身上找到我们可以改善的地方以及企业未来的发展方向。

不断发展的企业背后，必定有喜爱它的顾客。只有为打动顾客、感动顾客而不断研究、努力，企业才能生存发展下去。希望企业和所有的企业职员都不要忘记这一点。

要在顾客提出需求前开发相应产品

在成为乐天利执行总裁时，我将乐天利定位成服务企业，并对总部各董事、加盟商、店员都进行了培训，同时我自己也接受了培训。对于这样的定位，与企业上下员工都达成了共识。此外，摸清"谁是我们的顾客"是最重要的，要对我们的消费群做一个分析。当时，我们请了消费者调查公司对乐天利和各个竞争企业的消费群做了分析，并向加盟商询问了乐天利实际消费者的情况。结果同所有人都知道的一样，我们的消费群体主要以小学生、中学生居多。但奇怪的是，这群消费者过了 20 岁后就不再光顾乐天利，而选择去麦当劳或者汉堡王。

"为什么呢？"

原因是菜单。当时乐天利主推菜品是烤牛肉汉堡。目前烤牛肉汉堡是店里最畅销的产品，但除了这个之外，乐天利几乎没有其他代表性的食品。也就是说，乐天利的食品品类主要以儿童和中学生的口味为主，那么自然就会流失 20 岁以上的消费者。一般陪同孩子来乐天利的顾客很少会为自己点餐，只是过来陪孩子吃，看着而已。哪怕有一家四口来光顾，实际用餐的也只有两个小朋友，从而无法提高客单量和客单价。

当在消费者分析中有了这样的疑问"为什么我们的消费者只局限在儿童"

后，随即产生亟待解决的问题——扩大消费群，开发多样的菜品。"扩大消费群"的意思是非常广泛的，要做的事情也很多。

首先，要开发多样的菜品。开发新产品，扩大品类，是非常费工费时的，绝不是轻松的事情。考虑到当时亚洲金融风暴带来的消费者购买力下降的情况，我们在开发低价新品和早餐上做了突破。开发出的新品有 IMF 汉堡、Simple 汉堡、Aijiang 汉堡，这几款新品迎合当时的市场情况，用于突破成年人的市场。

在韩国，成年人用餐中最必不可少的无疑是米饭和泡菜。但用随处可见的米饭和泡菜开发汉堡，着实让食品开发部门花了不少的时间和努力。一般的料理要将韩式和西式完美地融合在一起，只要有好的材料、正确的方式以及高水平的厨师，就可以做到。但汉堡拥有需要大量的时间去制作和准备原材料、最后用最短的时间完成并交给顾客的快餐特质，考虑到这一点，就要做到材料保鲜，味道也要鲜美。

米饭汉堡，由于面包部分是用米饭做的，所以将一粒一粒米完美地融合在一起非常关键。将提前做好的饭团冷冻再解冻时，不仅要保证模样不变，关键还需保证味道不变。我们研发的米饭汉堡一经面市，就得到了消费者的追捧。泡菜汉堡，不只要在炒泡菜上下功夫，还得将白泡菜、萝卜泡菜等汉堡的馅料进行一番研究。我们的食品开发部最终成功了。虽然很多竞争企业跟随我们的脚步，开发了类似米饭汉堡和泡菜汉堡的食品，但最后都在市场上渐渐地被淘汰了。2001 年 8 月，在瑞士日内瓦召开的第 24 届国际食品法典委员会会议上，韩国的泡菜超越日本泡菜，得到了全世界的认可。泡菜汉堡在 2001 年 9 月上市以来，一个月的销量达到了 180 万个，人气极高。当时我们同时上市的还有虾堡、蟹堡等。金国进、杨美罗、南锡硕、新求等人一同出演的搞笑广告,不仅受到孩子们的欢迎,大人也非常喜爱。尤其是新求联想海明威的《老人与海》,脚上穿着大螃蟹大声地喊:"你们知道蟹的味道吗?"当时,这段蟹堡广告最吸引人。随着菜品的多样化,乐天利的消费群和连锁店的数量也增多了。韩西结合的食品大获成功,意味着韩餐开始迈向全球化,在当时受到不少好评和关注。

其次,乐天利为扩大消费群,改变了装修风格。当时,由于新产品的推出,无须改变装修,生意也很好,所以加盟商对总部的这个方案没有给予太多的支持。但经过调查显示,乐天利的装修风格会让顾客误解乐天利是家儿童餐厅。得到这样的调查结果后,经销商们立刻转变了态度,对于装修这事比总部更加积极。新的装修风格不再是只针对儿童,而是营造了一种家庭聚会的氛围。新开发的成年人菜品也同时打破了之前在乐天利只给孩子点餐、父母在旁陪同的僵局。

消费者不会直接表现出自己的需求,当你满足不了他们的需求,他们只会不再光顾,而去其他店寻找。他们的消费诉求,只通过市场调查或意见调查表很难掌握。企业只有清楚地知道"我们的消费群到底是谁",才能正确地了解消费者的取向和特征,以及潜在的需求。哪怕是消费者喜爱的产品,也要懂得如何保持住消费者的喜爱度。

"顾客想从我们这里得到什么?"开发产品和提供服务的企业需要这样的一个指示标,并且为之持续研究。

26

培养实力才能更加自信

有共同的目标会更加有动力,若做成功了,会更
有底气。

不可停止学习

这是我在部队时发生的事情,虽然已经过去很多年,但当时的经历让我在
年少时已懂得了教育的重要性。我在部队做小队长时,一个队员从加入部队
到退役都没有记住自己的编号,他也从来没有上过学,连自己的名字都不会
写。据说他出生于代代为奴的家庭,现在韩国的军队入伍都是有一定学历要
求的,但当时没有什么学历的人也能入伍,会被安排到步兵部队。他在服兵
役期间,枪法没有一次准过,连和其他士兵一同做的检阅仪式都做不好,让人头
痛。所以,一般的团体活动人们都会排除他。但只要是别人指派他去做简单
的事情,他就会做得很好。比如,做饭或者挖洞等体力活,他比其他士兵都做

得好。他不懂得自己判断或思考，别人让做一件事情，他不知道要在哪个点终止，只要没有人告诉他，他会一直做下去。

刚开始，我怀疑他是不是天生智力有问题，这种人怎么也来服兵役？连休假都没办法自己休，常常让住在附近的士兵与他一同休。而且，每次回部队时都会出状况。休假结束后有部队的车会去接，但他经常找不到我们连队的车或者上错车。人们以为他没有准时回部队，后来一查，得知他在别的连，为此闹出过不少笑话。

回头想一想，他没有读过书，所以不太能理解别人说的话，也不像其他人一样，知道如何交际。他唯一学会的就是像他爷爷和爸爸那样，过简单的苦力生活。

如果是现在的我，也许无论如何都会在服兵役期间教他读书。但当时作为一支40人队伍的小队长，还要指挥绝大部分比自己年长的队员，实在是没有精力去关心他一个人。从他身上，我了解到了教育是多么可贵的东西，所以到现在我都记得他的名字。

学习是永无止境的。懂得了一点，还想学到更多。韩国的教育热是惊人的，多亏有这种教育环境，培养出了许多人才，并输出到全球各地。

在经营的过程中，无论是经营者还是组织内的员工，都应共同努力学习，才能带来企业的持续发展和成长。我希望可以有更多的人受到教育，因为人可以通过教育直接或间接地积累经验。但千万不能忘记，要谦虚。越是懂得多，越需要谦虚。没有受到教育不是罪过，但不想学习或停止学习，或对自己所知的过于骄傲，都是不对的。

最好的投资是教育

即使是受过高等教育的员工,为了把他们培养成公司的一员干将,企业也会进行大力培训。不仅在部门业务或相关工作上进行培养,职场上应有的素质和礼节方面也会随时进行培养。一些大企业内还会设立专门的培训学院和奖项,中小企业会常请一些外部讲师来授课,也有很多企业通过阅读或线上教学,来提升员工的实力。

晋升考试也是给予员工学习动力,提高员工职业能力的好机会。职位的上升不仅意味着可以进行更有意义的工作,同时也是个人的一种荣誉,意味着被给予了更多的权力和责任。通过晋升考试,并不意味着这个人完全具备符合某个职位的能力,但至少企业可以客观地衡量一个人的能力。员工个人也可以通过晋升考试来检测自身的能力和实力,从而成为更高水平的职员。所以,我从来不吝啬用在培养员工上的投资,我认为,没有比教育更棒的投资。

这里有一个例子,美国零售公司职员的培训时间平均为 7 小时,但在全美拥有 49 家店的收纳用品公司的集装箱商店的新员工入职第一年会受到 235 小时的培训,第二年也至少会受到 160 小时的培训。集装箱商店在《财富》排行榜中连续十二年被选为"员工最喜爱公司 TOP100",2000 年、2001 年更是在该榜单连续排名第一位。这家集装箱商店给我的启示是什么?想要得到大的成果,就不要吝啬对员工的培训投资。

乐天玛特超市实行"最低 10 倍的补偿制"时,补偿费用是非常高的。机会损失费、减少的利润费用加起来是一笔高额的支出。但我们得到的,远比这个多。最主要的是，员工工作的态度以及思考方式有了巨大的改善，我们称之为教育投资。教育投资的效果是明显的，也是即刻体现的。

在快餐领域，乐天利无疑是韩国国内第一，店铺数多，营业额也很高。但在乐天集团内部，他们没有什么地位。说实话，我刚接手乐天利时，也不是没有这种感觉。

我认为乐天利有必要做一个大的改变，不仅要扩大消费群、提高服务水平、开发多样的产品、多做广宣活动，而且还要将乐天利的员工打造成在乐天集团内最受尊重的人才。实际上，每次集团内有统一的晋级科长考试时，乐天利的员工一直处于垫底的状态。考试合格率相当于在集团内的一种威信，所以我成为乐天利执行总裁后宣布，三年内要将乐天利的考试合格率提高到第一名。当然，晋升科长考试并不是说考试通过了就可以升职当科长，而是考试合格的人拥有升科长的资格。

有共同的目标会更加有动力，若做成功了，会更有底气。我宣布三年内要将乐天利的考试合格率提高到第一后，不仅是集团内其他品牌不相信，连乐天利的员工也半信半疑。但事实上，在三年内，乐天利的考试合格率的确提高到了第一名。

目标不是光喊口号就可以实现的，为了实际拿到第一名，我给予充分的支持。参加考试的员工一般要在正常上班的同时准备考试，集团内其他品牌也都是这样。于是我通知各部门负责人，缩减参加考试职员的加班时间，有时考试前一个月，也会针对参考人员给他们3～4天同住的机会，让他们一起做模拟考试题，集中精力好好准备考试。我也曾亲自去合住的地方鼓励他们，给他们预热一下晋升后的喜悦，希望他们成为集团内最受欢迎的人才。这些都使所有参考的职员无比自信。考试当天,部长和部门员工们会一同手举标有助威词的牌子来到考场门口,为参考的同事加油助威,还会为他们每人送上一杯暖暖的饮料。

但参考员工也绝不是把工作放到一边,只为考试而忙碌。随着乐天利消费群的扩大、产品的增多,势必有更多的企划工作以及市场推广的工作,员工比以前有更大量的工作要消化。初期我们只准备一个月做一场广宣活动,后来变成了一个月两次,再后来每周都要做这样的活动,员工的工作量非常大。当然,员工中也开始有很多不满的意见,但随着每年中长期目标的实现、经营理念的共享以及对公司及个人发展方向的展望,员工们从刚开始不满地嘘声,变成了一步步共同向前迈进。

更重要的是,我让大家都坚信,"李哲雨老板是一个说话算数的人"。晋升考试合格率勇夺第一之后,员工们的自信心越来越强了。集团内若有新事业的开展,大家都争先恐后地想带走乐天利的员工。被所有的人肯定,就是员工们不断学习和努力的结果。从这件事情的成功开始,大家都有了愿意去尝试开展一些新工作的勇气。

学习并不是一件简单的事情,检测的结果体现的是你努力了多少。不是通过一次考试就可以提高你的实力,而是需要在长期的学习过程中修炼你的忍耐能力和抵抗各种诱惑的能力。无论在多么困难的情况下,不忘记最初的梦想坚持不懈去努力的人,没有什么可以打败他。同时你的这种精神,会被所有人肯定!

第二章

沟通才能相辅相成

以 3－6－5 计划展开沟通

　　缩短等待时间的最好方法，也是最接近答案的方法，就是在结果出来前，尽自己最大努力把事情做好。

不懈怠止步，直到顺利成功

　　"店长，明天一起去运动吧？"

　　"不好意思。我明天必须去一个地方。"

　　在担任永登浦店长期间，每一个百货店休息日，甚至平日的晚上，我都会坐上开往水源的地铁，目的地是位于水源的亚洲大学。即使那时我刚刚学会打高尔夫，正在兴头上，但由于正在攻读亚洲大学经营系的博士学位，一到休息日，我就风雨无阻地奔向学校。在这学习的四年间，我连一次高尔夫球杆都没有碰过。

　　有一个词叫"大器晚成"，是指铸造越大个头的器件(如鼎、钟)所需要冷却凝固的时间就越长,喻指担当重任的人要经长期磨炼,较晚才能获得成功。确实,大的器皿需要很长时间才能被注满。在长期的职场生活中,每当遇到困难,想要激励自己认真工作的时候,我都会想起这个词。

1976年,我以创业元老的身份进入乐天百货,当时我是从其他公司被挖到乐天百货的。在这里工作的近四十年里,我没有一次令人羡慕的快速晋升机会,只是在百货公司的各个领域积累了企划和现场实操的能力,并能发挥有效的领导力。博士学位也是在56岁担任永登浦店长时获得的,而这则是因为只要是百货店的休息日,我都一天不间断地去听课学习才得以实现。

我们周围都会有一些比较慢热、比较晚熟的人,我就属于这一种,学习成绩进步比较缓慢。年轻时的我并不出众,话少又很安静,也不喜欢和朋友们一起出去玩。与学习成绩优秀的哥哥姐姐们相比,我的学习成绩一直停留在中等水平,总是被哥哥训斥。直到高中毕业,我都没有获过优秀奖,高三时担任副班长是我学生时代获得的唯一一次名誉。除此之外,因为没有一次缺勤记录,三年都拿了全勤奖。

真正获得优秀奖是硕士论文答辩时,我的论文在市场营销专业中获得第一名。在公司时也一样,晚辈们不到四年就从部长晋升到总监,我却做了六年的部长、六年的总监。我坐上执行总裁的位置,也相对较晚。成为经营者的人并不多,虽然我走得比较缓慢,好在没有倒退或者停止不前,也算是一直在比较顺利地发展。现在回想一下,虽然我没有快速地做出很多让人瞩目或者是出色的事情,但是我在勤勤恳恳、努力付出方面却不输给任何人,表现出极强的韧性及耐力。

"Gom ten ten"一词是我们韩国流传下来的俚语,字典里的解释是"性格保守,保住自己的财物不失去"。记得以前首尔的年轻人如果大手大脚地花钱,就会被老一辈的人嘱咐"人要 gom ten ten 地生活"。"Gom ten ten"一词和我的气质以及公司的特性有很多相近的地方。"Gom ten ten"在经营上也是一个重要的概念——不要华丽的外表,要安定的内部;不要夸张的装饰,要积累真正的实力。在困难的时候能挑战难关,为成功的到来做准备;在好的时候要未雨绸缪,防止因为经营环境不好或者业绩不好而轻易裁员、缩减奖金。我在经营的各个领域都强调加强内部实力,以"gom ten ten"作为指导方针,这在迅速变化的市场环境中显得至关重要。并且这一理念与乐天集团创始人辛格浩会长的"去华求实"经营哲学一脉相承。

选择正确的前进方向

有这样一些人,认为自己无论怎样努力也无济于事,所以做事就常常半途而废。还认为自己已经尽力做到了最好,却完全看不见好转的迹象。但事实真的如此吗?环顾周围成功的人,他们无不是在勤勤恳恳、坚持不懈地努力。即使有人说他一夜成名,但为这一天,他也做了很长时间的准备。另外,成功的人不只是付出简单的努力,还会思考研究出与别人不同的做事方法。每天工作只是循规蹈矩不能说是努力,只能说他不厌倦单纯的重复作业。要付出与众不同的努力,研究出自己的处理方法,这样坚持不懈的话,最终有一天会成功。

上帝给每个人的时间都是一样的。伟大的人,富裕的人,他们的一天同样是 24 小时,一年同样是 365 天。但是如何利用这些时间,结果是截然不同的。

这就需要人们不是漫无目的地去努力,而要明确目标,即使同样是挑水也要找到正确的地方去挑。"同样付出了努力,成功的那个是因为运气好。"不要用这样的话来安慰自己,成功人士一定是根据明确的目标制订了可行的战略计划,然后在实践中去努力才获得成功的。

和别人付出的努力相同,就不要期待能获得平均水平以上的成果。但是我们倾注的努力是不会消失的,所有的经验都是我们将来成功的基础。

大的器皿需要很长时间才能注满,长时间的等待中,会经历很多困难,也会有绝望彷徨的时候。但是我们不能停止,要更加坚定地付出更多的努力。世界的变化比我们想象的要快得多,竞争也异常激烈,但终究战胜不了有准备的人。

如果问我要付出多少努力,我的回答是坚持不懈,直到获得成功。缩短等待时间的最好方法,也是最接近成功的方法,就是在这之前尽自己最大努力。结果不好不是你运气不好,而是准备得不够充分,应该重新做准备。保持一颗平常心,坚持原则,哪怕只有一点进步也要继续向前。要想注满一个大的器皿,就要一次性灌注大量的水,如果没做好这样的准备,就需要经历漫长的时间,要储备好力量才能挑水。虽然前进得缓慢,但重要的是要按照正确的方向前进。

集思广益,找到办法

"在座的干部都是我们公司非常重要的成员,我想听大家的真实建议,然后请把这些内容拟成报告提交给我!"

在全体干部们的会议中,我的话音刚落,四处就骚动起来,"到底怎么回事","总经理到底在想什么"。

因为我刚担任公司的最高管理者,所以需要了解组织的现状及问题,也想听听干部们的想法。

做事情先确立目标,再制订计划,这是很重要的。如果没有目标,就不知道前进的方向;如果不制订计划,即使有了目标,也会如同没有期限的疲倦的旅程一般。人生同样需要确立明确的目标,制订详细的计划,才能达到想要的结果。

经营企业如果没有目标和计划,组织就会因失去方向而徘徊。企业是一个由很多人在一起谋取事业的团体,要有共同的目标,发挥团体的精神,展现自己的才能。

经营者就像一艘船的船长、一架飞机的机长,不管有任何困难都要掌握好方向,与队员们一同安全地到达目的地。但是在确定目的地之前,我们需要做些什么呢?首先要明确我们现在的位置,明确我们现在在做的事业是什么。

经营者的头脑里随时要想、随时要问的问题便是:"我们的事业是什么?"如果不知道这个问题的正确答案,那么这个经营者就无法恰当地应对市场的变化。

作为新上任的经营者,我首先要做的事情就是用三个月的时间来掌握组织的现状和问题。让董事、干部、店长等针对我们现在的事业、发展方向、存在的问题以及改善措施,用三四张 A4 纸进行自由意见发表并提交上来。但刚上任就提出这样的要求,很难听到员工们真实的意见。他们还不太清楚新领导的喜好以及做事风格,不知道该写些什么内容,因此很容易提交一些形式化的、想讨领导欢心的内容。

作为经营者,想要看到真正为了公司的发展而提出建议的报告,就要先给大家展示你要用什么样的想法和意志来领导大家。没有规定报告的格式,也没有故意设置具体的问题,就是为了防止员工按照固有的模式回答问题。这样一来,可以让他们针对自己切身感受而提出建议,针对现在的经营状况以及当务之急自由地发挥。

看了报告后,我就会大体地了解董事们、职员们对公司现状的看法。然后便是实地考察,了解一下报告中提到的内容的实际情况是什么;或者是报告中虽然没有提到,但是站在领导者的角度发现的一些问题。像这样客观地了解公司现状大概需要三个月的时间,然后分析问题,再和管理者们一同解决问题,又需要三个月的时间。当然有人会问,了解公司的现状需要三个月的时间吗?反过来也有人会问,三个月内没有办法了解的情况也很多吧?又或者有人会说,新上任领导调动组织需要六个月的时间啊?

信赖的基础是诚信

经营企业不是一个人可以完成的事情,需要花时间和成员们共同思考、共同参与、共同获得成果。并不因为你是领导者就什么事情都可以为所欲为,也不可能一个人制定战略。一方面要收集、听取其他人的意见,另一方面要将自己的意愿传达给他们、管理并说服他们。当所有的人达成共识的时候,企业的战略才能在市场上奏效。

《佛譬喻经》里有这样的譬喻:"世上有四种马。第一种马,当主人骑上马背说'驾'的时候,就知道主人的心意,竭尽全力地向前飞奔;第二种马,当主人一扬鞭就知道主人的意思,开始迅跑;第三种马,当主人的鞭子抽到身上时,才能明白主人的命令,开始奔跑;第四种马,当鞭棍抽打在皮肉上,它仍毫无知觉。"

如同经营者想了解公司的现状一样,职员们也想知道经营者的想法。他们会小心地观察经营者的动静,1/3 的人对新的领导是很期待的,他们很希望有所变化;还有 1/3 的人会先观察一段时间,他们会根据经营者的喜好和性格决定自己该如何行动;剩下 1/3 的人会与经营者持相反意见或是对之反感,他们害怕改变,也不喜欢改变后带来的各种烦琐的事情,甚至积极地与经营者唱反调。即使我内心不想承认,但如果刚上任时没有人积极响应,也不算超出设想范畴。

如果说有人积极地唱反调,那么经营者就要检讨一下自己的领导力了,反省一下自己的人格和行动是不是起到了模范作用。因为,无条件"服从我"的时代已经过去了。

经营者按照正确的经营方向在各个层面都做好榜样,职员们自然会跟随。随着时间的推移,如果一直追随经营者的人占了半数以上,施行经营者的想法和方针就会顺利很多。比起经营者命令大家行动,大家自愿去执行、去开拓,会更有效。所以,经营者需要花时间去等待、说服和沟通。想要走得快很容易,但是想要走得远,就需要大家一同努力。获得共识需要六个月,之后发表未来五年发展方针计划,向着共同的目标前进。在一开始接手管理时花三个月时间来了解公司的现状,六个月时间制定具体的方案并与职员们达成共识,然后制定五年规划,这个过程就叫作"3—6—5 计划"。

"3—6—5 计划"是经营者在沟通及了解过程中,在考虑公司的方针时制定的。该计划是为了企业的持续发展和成长,为了共享长期方针目标而要执行的内容。时间的长短,根据不同的经营者会有所不同,但是在得到所有职员的支持和信任的基础上推动公司发展,这是首先要做的事情。

经营中以下三点对组织顺利发展会有所帮助:

第一,要听取职员们对组织的意见。

第二,对职员们的建议、各种资料进行实地验证。

第三,制定让所有职员达成共识并可以积极参与的方针。

重要的是,在执行这三点时领导者要言行一致,做好模范,从而获得职员们的信赖。朝鲜李朝①时期实学家丁若镛所著《牧民心书》中有句话,"信任来源于诚实,指导者要是清廉,权力就会形成",说的就是诚实和清廉对领导者的重要性。

---

① 14 世纪末,李氏王朝取代高丽,改国号为朝鲜。1392 年,李成桂推翻高丽王朝,自立为王,创建朝鲜王朝。因朝鲜王朝君主姓李,加上"朝鲜"二字在朝鲜半岛上曾出现过(檀君朝鲜),所以中国、日本、朝鲜民主主义人民共和国的历史学界一般习惯称呼该朝代为"李氏朝鲜"(简称李朝),古代存在的使用朝鲜为国号的国家则被称为"古朝鲜"以示区别。——编者注

对实施沟通的领导来说，是没有困难可言的

> 沟通不只是说和听的过程，它同样需要换位思
> 考，是站在对方的立场上考虑利害关系的行为。

倾听是沟通的开始

"从金科长开始发表一下意见吧。"

乐天百货每个月至少要开一两次从科长到专务级别的全体运营会议。有战略性的会议，也有各部门报告业绩的会议，通常都是各部门的负责人汇报。会后根据科长、部长们提交的资料进行分析，整合出新的战略前景。不单是总经理，所有的参会人员都保持着紧张的气氛。无论是战略会议还是业绩报告会议，因为关系到评价各个部门，所以负责人尤为紧张。由于事先看过报告，哪方面做得好，哪方面有欠缺，哪方面还需要改善，针对这些问题的解决方案也都在会议前有所准备。

对总经理来说,这样的会议也是倾听职员们心声的好机会,所以汇报结束后的会议时间尤为珍贵。这么珍贵的时间不能只给平时经常发表意见的领导们,而且如果领导们先发言的话,下面的人大多数要么不发言,要么就是同意领导的意见。所以,我会要求从科长开始发言。当然他们一开始并不愿意发表意见,但随着这样的运营会议开的次数的增加,他们提出建议的频率也不断加大,建议的质量和水准也有所提高。

领导在一开始就下了结论的会议,是毫无意义的。虽然有些小团体的上级需要发挥领导力,让执行者按照他的意思去做,而且经验丰富的领导的意见大多数是正确的。但即使是这样,在下级的建议无法如实反映的情况下,公司即使会照常运转,也不会有新的尝试。虽然年轻人的经验不足,但他们的想法不会局限在过去成功的模式中,而是充满了新的挑战和冒险,甚至可以改变整个公司的发展状况,这是我们绝对不可以忽视的。

能不看上级的眼色、为公司业务提出建议的人,说明他热爱公司,做事认真,也很有自信。作为领导,要了解职员们的想法,给他们创造机会去发表意见。为沟通创造平台,是领导的重要责任。

获得人心才能获得信任

有一个词叫"以听得心",是用耳朵去倾听,才能获得人心的意思。

倾听是沟通的基础,这在对顾客服务中也是经常强调的。我们不是一个人做事,而且只靠一个人也做不成事。虽然有很多个体户,但是他们同样需要与外界合作,缺乏沟通就会迷失方向。有些电视娱乐节目经常会让嘉宾用耳麦堵住耳朵,然后大声喊出单词让下一个人猜。因为被堵住了耳朵,根本听不到喊什么,只能尽量张大嘴巴让对方猜口型。第一个人明明说的是"小狗",传了两三个人之后却搞笑地变成了"我爱你"。这只是个游戏,笑笑就过去了。但是在重大决定前如果发生这样的事情,后果不堪设想。

沟通是社会性的话题。政治家与民众、大企业与小企业、领导和部下、父母和子女、教师和学生、丈夫与妻子等,都是我们日常生活中存在的沟通关系和空间。

沟通不是简单地对话,很多时候,即使交谈也不一定能真正地沟通。沟通不只是说和听,而是站在对方的立场去思考利害关系。

现实中,经常会发生沟通不好的情况。举个例子,如果上司的指示没有形成文书,那在向下传达的时候会出现想象不到的结果。要是这样的话,就有必要检讨一下自己了。学说话可能用不上两年的时间,但是学习倾听,六十年的时间都是不够的。倾听不是一件容易的事情,但是不要忘记了"要想好好沟通,就要从听开始"。

倾听就是"认真听"的意思。但要想正确地倾听,认真地倾听,首先要有尊重、尊敬对方的心。所以我认为认真的倾听应该是"敬听",意味着要"带着敬意去听"。

企业是向着共同目标前进的团体。运转此类企业组织的经营者,首要做的就是要使人行动起来。不光是经营者自己行动,而是要大家理解经营者的目标并跟随着目标前进。那什么会使人行动起来呢?事情的价值和成果固然重要,但是顺畅的沟通是使人行动的基本前提。实现顺畅的沟通可以是相互打开心扉畅谈,也可以是用文书来表达意见。沟通不好,经营者就无法顺利经营。各种性格、能力的人在各自负责的岗位上做得很好,但如果他们互相不配合的话,就很难实现共同的目标。

企业的生长与发展需要汇聚许多人的努力和热情才能实现。不论是开发新技术、新产品,还是提供新的服务,与之相关的人很多。在攀登珠穆朗玛这样的险峰时,如果催促后面的人就会很容易发生事故。在这种险要的地形中,我们经常会遇到意想不到的挫折。如果你独自走得太快,远离了伙伴,在需要帮助的时候就会很辛苦。自己一个人是会走得比较快,但也很容易疲惫,和伙伴们一起前进,则不会疲倦,而且能走得很远。

为了使大家对公司有共同的理念目标,就需要大家能很好地进行沟通。沟通是将公司的前景与个人的前景结合起来,是执行任务的起始点。沟通好的话,无论大事小情都能找到各种办法。而且通过沟通也可以共同获得成果,这样即使再大的组织也会像小团队一样迅速而有条不紊地前进。

上级,有权力的人要先引导

"传达事实需要两个人,一个是说出这件事的人,另一个是听这件事的人。传达事实的唯一方法就是,用爱将它说出来。只有充满爱的话才有感染力,将名分摆在前面会使人不舒服。"

这是美国的哲学家、诗人、作家亨利·戴维·梭罗(Henry David Thoreau)的话,出自著名的散文集《瓦尔登湖》。读了上面的句子,使我重新思考了沟通的意义。

沟通不是雄辩,不是向他人诉说我的想法,也不是说服别人和我的想法一

致。沟通是互相倾听对方的话,互相理解获得同感。为了达到很好的沟通效果,需要遵守以下几点原则:

第一,要想获得良好的沟通就必须要"真心",要说出心里话。亨利·戴维·梭罗说,"只有充满爱的话才有感染力。""充满爱的话"是什么样的呢?就是说真心话。

第二,要好好听对方说话的内容。交谈的过程中,什么样的人会激怒对方?是句句反驳我、批判我的人吗?不是,是打断我说话的人。谈话中,我的话还没有说完,有人就打断我,随便更换主题,或者说自己想说的话;有的人毫无理论根据,说话毫无头绪,甚至不锻炼说话的技巧,讲话不干练,或者只是感情用事,发表自己的意见。我有时会很郁闷,有时也因想法不同而感到恐惧。但即使是这样,还是要耐心听完对方到底想说什么,并且要注视着对方的眼睛去听,听听对方讲的是不是真心话。

第三,沟通需要上级或是有权力的人先来引导。下属带头做沟通是很不容易的,下属要对上级提出新的建议或是不同的想法,是需要勇气的。想要什么,需要什么,上级要先表达出来。决定家里的大小事情时,都是兄长先引导,弟弟妹妹们会很好地跟随。又或是雇主公司和外包公司之间,外包公司一般是按照雇主公司的要求去做,因为权力掌握在雇主公司的手上。在甲和乙的关系中,如果甲过于强势,乙只能被动地处于不利的地位。如果雇主公司不听外包公司的解释,一味地用权力欺压的话,外包公司是承受不住的。

不管何种关系,要是失去均衡,即一方的权力大于另一方,沟通起来就会困难,强势的一方会压过弱势的一方。

特别是团队的上级与下属之间,如果不沟通,互相不了解的情况就会增多。总经理或是上级的一句鼓励,有时可以给下属很大的激励,但是无心的话也可能会伤害到下属。不沟通会越来越不知道下属的心思、想法,下属也更不容易明白总经理或是上级的意思。总经理或是上级如果不能直接与下属交谈,也可以通过通知或是公文等方式传达理念。

了解想法、解决问题,才是真正的沟通

一线的操作者会有无法向上级或是总经理报告的苦衷。但如果他们不汇报,总经理就不可能知道,也不会逼他们说。如果想要听到一线操作者的真话,总经理首先要了解实际情况。虽然不能一清二楚地掌握,但是要体现随时准备倾听的状态,去感受一线的气氛,看看操作者工作的状态。

百货公司有直营店和品牌专卖店两种,也就有直营店的店员和品牌专卖店的雇员(brand shop manager①)。我们可以通过很多方法、途径或是培训,直接、间接地听到直营店店员们的意见,但是雇员们却经常被忽略。

我到各个百货店和那里的店长、店员们一起开会,找机会了解店铺现状和实际问题,但是雇员们几乎没有向我汇报过他们的苦衷和需要改善的地方。他们的回答是:"店长一向对我们很好,没有什么苦衷。"看他们的表情却是欲言又止。可能怕之后店长会责怪,所以,我把我的邮箱地址给这些雇员,告诉他们可以直接给我写邮件。然后又嘱咐店长们不管雇员们有什么苦衷和诉求,我们都要谦虚地接受,认真地寻找解决方案,而且还保证总部一定会不遗余力地给予支持。我理解店长们的心情,不想让董事长看到自己负责的地区

---

① Brand shop manager,外协公司派来的销售自主品牌产品的职员。

有问题,怕受到责备。这是每个负责人的真实想法,我也曾经经历过。但是有很多事情,是店长一个人无法解决的。我告诉店长们,我会同他们一起寻找解决方法,尽最大努力给予支持。他们听了这些话获得了安全感和勇气,就会主动向我请求援助。

雇员们最了解顾客的心声,听到他们的话不仅能了解实际问题,而且可以获得许多解决方案的想法。就这样,不知从什么时候起,雇员们开始盼望我来巡店。"上次的事情得到了改善","店长又想出新的办法把这件事解决了",看到他们吐露心声,我都会充满活力。同时我也很期待与他们见面,有的时候也会准备书或者小礼物送给他们。

我和员工们是相通的,互相理解,互有同感,这就是沟通。沟通可以通过文书、邮件,也可以通过电话,但是没有比注视着对方的眼睛,面对面地沟通更好的方法了。通过这种沟通,获得的效果可以说是最好的。

还是在永登浦当店长的时候,当时正展开各种预防火灾的安全措施。除了用电安全以外,所有可能引起火灾的危险因素也都备受关注。其中,吸烟引起火灾的情况,是只要员工们小心防范,就可以避免的。因此在休息室,我们规定禁止吸烟,这也是为了员工的身心健康着想。但是禁止在休息室吸烟的条款却造成预想不到的后果——男职员们会到室外去吸烟,女职员们却开始在卫生间吸烟了。尤其是在顾客的卫生间也抽起烟来,甚至在堆满货物的仓库里吸烟,这非常危险。职员们是禁止使用顾客的卫生间的,但是有人在制服外面披上自己的衣服去吸烟,频频遭到顾客投诉。

我的烟龄长达二十年之久,但是我并不想认同吸烟者的这种行为。当我还是部长的时候,职员们就会对我说:"您一定很喜欢吸烟吧?您的身上一直有很重的烟味。"听了这些话我决定开始戒烟,之后再也没有碰过烟。所以,我认为戒烟并不是一件难事。可有很多人,每年都下决心戒烟,却总是失败,说明这也不是一件容易的事。

不管怎么说,原本为了预防火灾和职员们的健康而制定的条款,反而产生了很多副作用。所以,我们最后设置了吸烟室,还专门设置了女性吸烟室。之后,再也没有职员在顾客的卫生间吸烟的情况发生了。

我从这件事上获得了启发:无论你的动机多么好,如果无条件地执行,可能会有副作用。为了预防火灾禁止在休息室吸烟,在公司的立场上是必要的措施,却引发了在其他地方的矛盾。

因此,在解决问题的时候,要先预想一下职员们可能产生的排斥和负面因素,寻找对策或者突破口,然后再去执行。

双赢也有先后顺序

为了企业的发展，合作的企业间要发挥协同作用，共同摸索相辅相成的道路。

相辅相成，共同发展

"要如何满足执行总裁这么多的要求？"

在我任职乐天利执行总裁不久后，便召集各直营店、加盟店的负责人举行了会议。当时的会议主题是发表整年的经营战略规划，与乐天利有合作关系的 700 余人参加了会议。我无法忘记当时那些听众们的眼神，特别是加盟店主们期待的眼神，让我感到肩上的担子很沉重。

因为快餐业的特性，那里聚集的加盟店主拥有少到 1 家、多到 5 家的店铺，其中不少是当地的知名资产家。当时加盟店长约有 400 名，他们是直接进行资本投资的，他们加盟乐天利是为了获得更多的收益，而我们也正是要创造收益的企业。

　　一般连锁店的总公司会为加盟店主提供创业咨询、技术传授、产品材料等服务。在韩国，开连锁店的历史并不长，很多企业就像彗星一样出现了，不知什么时候又消失了，这也造成了很大的损失。特别是亚洲金融危机前后，到处都标榜着连锁店的名号进行买断，或者是把职员送到连锁店市场，甚至还有大规模地宣传召集加盟商，收到利益后就把亏损的加盟商转手的情况。在这样的背景下，这里聚集了选择乐天利的加盟店总经理们。即使没有亲临现场，通过简单的描述，也能感受到当时他们那种充满期待的眼神是多么强烈。

　　我作为乐天利的执行总裁，真心期望他们认为选择乐天利是正确的。希望通过乐天利，加盟店的总经理们会有收益、获得成功。因为他们的成功意味着乐天利总部也将成功，这种成功是加盟店的总经理们可以亲身感受到的。

　　乐天玛特超市和乐天百货一样，作为零售公司并不从事生产，是从生产商那里进货转销给顾客。因此，提供好的产品尤为重要，这就需要找产品质量高、客户满意度高的合作商。除了知名度高的企业，流通公司也要不断地将一些新兴企业介绍给顾客。希望在这些协作企业中可以听到这样的评价，"和乐天玛特超市、乐天百货合作后，我们公司的产品销售得特别好"，"与乐天合作后，我们公司的利润持续上升"。如此一来，生产好产品的公司会希望与乐天合作，乐天把好的产品转销给顾客后，也获得了顾客的喜爱。这一循环再一次证明，协作企业先获得利润、先发展，我们才能发展壮大。

三十年前学到的双赢顺序

　　在我担任乐天利执行总裁的时候，把"双赢也有先后"定为经营方针。因为乐天利是以经营加盟店为主的连锁企业,只有加盟店获得收益,总部才能获得收益。先赢的是加盟店,后赢的是总部。这句话理论上也许是成立的,但是实际操作起来很难。

不管是经营企业还是个人,想自己先获得收益是正常的心理,所以很多时候相辅相成不是那么容易做到。企业间是存在甲乙方的,几乎不存在平等关系。但是针对顾客的事情是不能分甲乙的,因为他们在选择产品和享受服务的时候不会考虑甲乙关系。因此,想要建立坚固的双赢关系,作为甲方的企业反而要先让步。大企业如果想先获得收益,就无法实现双赢。

"双赢也有先后"的理念,是我很久以前从乐天集团的辛格浩会长那里学来的哲学。

乐天一番街位于现在的乐天百货的停车场一侧,出租了一层和地下二层。乐天一番街由乐天集团全额投资,入驻了多种多样的店铺。与百货店不同,哪个位置入驻怎样的店可以使那个区域的产品俱全,这些都要考虑。辛格浩会长下令制定一份收取入驻店铺保证金和租金的计划案。调查员们不只调查了明洞商圈,对首尔市内各种有名的商场都进行了调查,而且还在报告书中把投资费用考虑了进去。

但辛会长看完报告的反应却令人感到意外。他问:"是这样吗?入驻的店铺交了这个保证金和租金后,还能生存且增加收益吗?"负责提交报告的职员们主要站在乐天百货的立场,想着如何尽快收回本金,却没有考虑到入驻店铺的收益能达到多少。辛会长又丢给他们一个问题,"乐天一番街怎样才能做好?"入驻的店铺生意好,乐天一番街才能好,生意要想做好,人气就要旺,这是生意人的基本想法。也就是说,乐天一番街要想成为有魅力的商圈,就要让入驻的店家们交了管理费、租金后,还有收益的希望。获得了收益,为了生意的增长他们也会更加努力。一层和地下二层要有所不同,入驻的店铺不同,提供的产品不同,收益也会不同。生意好才能继续购进好的货,服务也才会越来越好。

但是负责调查的职员们却认为乐天百货做了投资就要尽快收回本金。而且,这里是新商圈,不知道会有多少人来,收益会有多少,其他商圈的收益也是不公开的,所以很难调查到用多少销售能收获多少利润。

生意好了,店主才有努力的动力。辛会长认为不管是提供什么项目的产品,在乐天一番街销售好、收益好,才能提供更好的产品、更好的服务。入驻乐天一番街的店铺收益好的话,这里才能备受关注,来这里的顾客才会更多,想要入驻的店铺也会更多。

负责调查的职员们只想着入驻乐天一番街的商人的保证金和租金收入,而辛会长想的却是入驻的店主赚了钱,乐天一番街也会赚钱。这就是让对方先获得收益的精神。我常常强调“双赢也有先后”,这是从辛格浩会长那里学来的经营哲学。在大型投资上肯花很长时间等待,让对方先获得收益的精神,不是一般人可以做到的。从这个层面讲,辛会长是一个有着渊博经营哲学的企业家,不是我们随便就模仿得来的。

相辅相成,即相互认可、相互协助

与经营者一起到一线去巡查,了解状况,是很重要的。如果没办法一一去访问,也可以同协作公司的总负责人交谈,了解他们的要求和难处。合作公司生产好的产品给我们,是我们给顾客提供好产品、好服务的基础。因为没有合作公司,就很难成功地实现我们的发展。

虽然入驻百货店的90％都是中小企业,而负责零售的是大企业。但是,作为大型企业也不能随意对待与合作公司的关系。在访问合作公司或是与合作公司的执行总裁开交流会的时候,要抱着与其共同发展的决心。要考虑到在长期不景气的环境中,经营中小企业是不容易的,如果没有合作公司的发展,我们的发展,也是不可能实现的。

可以说,企业是活的有机体。企业之间需要互相扶持与协作,寻求共存。因此,为了一家企业的成长,所有的合作企业都要互相协作,摸索出相辅相成的发展道路,特别是在企业经营过程中的相辅相成。

只有规模小、资本少的中小企业强壮了,大企业才能创造更大的市场,获得收益,形成良性循环。如果大型企业只顾自己先获得收益的话,中小企业就可能会出现亏损或有苦说不出的情况。这也是在我们企业环境中经常谈论的话题。如果大型企业不能站在中小企业的立场去想的话,中小企业的经营状况就会受到阻碍,如此一来大企业的发展也会变得越来越困难。

有权力、有能力的一方要首先做出让步,才能相辅相成,获得双赢。这也是我多次强调的原因所在。

现在,我们社会追求的不是自己过得好就可以了,而是要创造一个所有人都能健康幸福生活的国度。这样一来,指导层的地位抬高了,责任也更重了。同样,大型企业要支持援助中小企业发展,使他们的专业性得到进一步提升,形成相辅相成的文化。现在只不过是开始,利害关系纵横交错,困难很多,羁绊元素也很多,但是如果坚持共存、相互扶持的指导方针,相信不久后,大型企业与中小企业共同发展成长的那天就会到来。

如果怀着"那只是理想状态,与现实太远"的想法,最终不会实现目标。没有路就去闯出一条路来,这是人类的历史,也是企业的历史。在企业经营艰难的时期,需要互相依靠、互相让步,积极地去思考可以相辅相成的方法和对策。

合作公司是我们的伙伴。如果一方不幸痛苦,另一方难道会开心幸福吗?

让对方先盈利

"总裁,那样不行啊!我们也要做生意,如果引入这种体系的话,我们的钱包不就成透明的了?而且建设费也不是小数目。请重新考虑一下吧。"

那是在 IMF 式经济改革①之后,韩国经济最萧条的时期。以前乐天利在韩国快餐业是最早引进 POS(point of sales,买点信息管理)体系来进行每日业绩管理、每日库存情况(仓库、店铺)管理、每日配送管理和直销品管理、财务管理、资金管理及人事管理的。起初乐天利的 POS 体系管理只停留在初级水准,当时正与加盟店的总经理商讨换成最新的机种。

当时乐天利用的 POS 系统是半自动的,麦当劳用的是高一级的 ROM-POS 系统。日本的乐天利要换的是最新的 POS 系统,富士通生产的,每台的安装费是 500 万韩元,每个店铺至少要安装 2~3 台,加盟店的总经理当然会有压力。而且最新的 POS 系统销售额与计算机完美链接,十分透明,一分钱的税都漏不掉。当时个体户们已习惯了核定课税,销售额是半透明的。

---

① 亚洲金融危机爆发,韩国陷入危机,总统金大中上台后,决心按照国际货币基金组织(IMF)提出的要求进行 IMF 式经济改革。——编者注

为此,我们举办了说明会,向乐天利加盟店的总经理们解释使用最新 POS 系统的恰当性。因为有这样几个重要的优点:

第一,从销售时间点上可以明确知道什么时间哪个品类销售得好。这样一来,库存管理就容易得多,原材料的购进也更容易控制。

第二,自动形成了基础资料,在这个基础上可以直接进行市场营销。哪个时段、哪个品类人气旺,情侣、朋友、家庭成员聚会的时候喜欢点哪些产品,这些资料尽在掌握,利用这些信息可以按照顾客的类别进行市场营销。

第三,容易管理 VIP 顾客。虽然当时使用信用卡的人还不多,但若信用卡的使用率增加,我们要掌握顾客信息,为顾客量身定制快讯商品广告就容易多了。快讯商品广告即 DM(direct mail),可以说是一种很好的促销活动。调查显示,一般通过传单去店铺光顾的顾客只占 3% 左右,而通过 DM 约有 20%。通过分析消费者的喜好,有针对性地发送广告,就能提高店铺的访问率。

最关键的是要让加盟店总经理们认识到购买最新的系统对提高销售有直接的关系。当时乐天利在 IMF 式经济改革的恶劣环境下,实施了进攻性的营销以及促销活动,采取了与竞争品牌不同的广告策略,在快餐业中的表现深受瞩目。加盟店的总经理们也都在思考,要做什么来提高乐天利的销售。即使是这样,加盟店的总经理们还是因为安装费用,在购进新系统面前犹豫了。因此,我们直接与日本的制造商富士通取得联系,从他们那破例拿到了低廉的安装费,而且我们提议采取两年内乐天利无息支付安装费、三年后结算材料供给费时一并抵消的方法。

在整个说明会过程中,我们与加盟店的总经理们相对而坐,尽力说服他们,"乐天利总部和加盟店是伙伴,我们要一起发展",并且强调"现在世界飞速发展,一部分核定课税经营的相关资料不得不公开,透明地做生意对发展更有利"。让他们确信经营越透明,销售就会越好,管理也更容易。最终,加盟店的总经理们一致通过了这个决议,并很快就完成了新 POS 机的安装。一年的时间,直营店就不用说了,乐天利全国所有的加盟店都安装了新的 POS 系统。不只竞争品牌麦当劳,几乎所有的连锁店企业都大吃一惊。

这件事之所以这么顺利的重点是,要让对方先盈利。这是在"双赢"中第一次强调,"先赢"的是加盟店,"后赢"的是乐天利。如果按照我们先盈利、对方再盈利的理论,是没办法说服对方的。特别是负责食材、营销和促销活动、管理等的是总部,要让加盟商们先盈利,随后总部再盈利,加盟店的总经理们才会积极地跟随总部的方针前进。

特别是在连锁店行业,如果连锁店(总部)做不好,就会和连锁加盟店起冲突。还会因为谁拿得多而争吵,拿得少的一方也总是满怀不满。总部通过加盟店进行投资,加盟店通过总部的品牌做生意盈利。这时要按照加盟店先盈利的理念进行管理,总部和加盟店的方针才会一致。"双赢也有先后"这句话虽然有相辅相成的意思,但是在甲乙关系中,甲要先让步才能相辅相成,强调"双赢也有先后"这句话的原因就在于此。

乐天利要支持加盟店,先要让步于加盟店。之所以这样,是因为所有加盟店的总经理们尝到了销售增长的甜头,感受到了做生意的乐趣,加盟店才会积极地跟随总部倡导的计划,活跃地提出促销和营销的方案。加盟店的销售有了很大的增长,那么,提供原材料的总部又会怎样呢?

伴随"增长"这个词,从各个方面都说明"有权力的企业应倾听没权力的企业的呼声,让他们先盈利"。反过来,有权力的一方想要先盈利,会导致分歧越来越大,合作或是共同经营就没办法持续下去。

所有企业在顾客面前都是同等的。企业无法在各种领域单独活动,即使有权有钱也不能获得整个市场。从上级到下级,从有权到没权,先做让步,让对方先盈利,才能形成良性循环,大家最终达到双赢的结果。

先贴近再获得同感

要告知大家接下来我们的目的地是哪里，要如何去，我们各自要怎么做才能合理、有效、安全地将船驶到目的地。

照顾和等待也有限度

"只能到此为止，不能再让步了。"

为了先接近他们，我敞开心胸，花费了时间，尽了自己最大的努力，可是对方却把我逼到无路可退的地步，很是头疼。我下定决心开始拒绝，"让步只能到此为止，工会的 23 名核心成员不再继续雇用了"。这是我在那段时间一再让步后做的艰难决定。

2010 年春，乐天百货并购了经营困难的 GS Square(百货大楼)。当时 GS Square 的 3 家店铺位于乐天百货没能入驻的位置，所以很有并购的价值。但是并购的消息通过舆论被传开后，随之而来出现了很多问题。一开始，我们并没有想到会出现什么大问题，我们的收购竟然受到了 GS Square 职员们的排斥。GS Square 在交接经营前不久，晋升了很多名干部，那些对能被继续雇用没有信心的职员就成立了工会。

基本上我对行业工会或是工人团体是没有抵抗情绪的，反而觉得韩国国内的有些企业侵害工人的权益时，工会团体能够积极地争取自己的权益。公司的经营权突然被转交给其他公司，员工当然会有很强烈的不安感。令我惊讶的是，他们的第一选择是成立工会，并且这个工会不是自发解决问题的职员团体，而是一致对外的强硬团体。更想不到的是，他们根本不想了解乐天百货的政策与说明，从一开始就提出各种要求，与我们发生冲突。

乐天百货接手 GS Square 后，管理很困难。原本要重新整顿店铺，开展职员培训，但是什么都无法进行。最终选择委托经营体系转换，成立了乐天Square 股份有限公司，放弃了直接经营，先对它的经营情况进行观察。虽然表面上的标志换成了乐天百货，实际上 3 家店铺的产品结构和服务都无法满足顾客的要求，顾客自然就会转到附近的其他店去购物。郁闷的是，被公司抛弃和被新公司并购的挫败感一直萦绕在他们中间，职员们根本没有意愿改变，无论乐天百货如何保证会继续雇用，他们都不相信，只是一味地抵抗。

我们开始后悔这次的收购。并购这家公司已经让我们背负了很大的财政负担，又在精神上折磨我，不单我，负责接手的职员们也感到举步维艰。但是，我们选择忍耐，通过实地的经营不断地引导，用真心说明我们的方针，倾听他们的意见，直到他们肯接受我们。我们经常直接巡店，与店干部们开交谈会。随着时间的推移，他们开始一点点地理解我们的想法和立场，接受我们的真诚的职员增加了。我们让原来担任店长的职员并购后仍继续负责原来的业务。原本以为马上会被调职的店长们被继续任用后,其他职员们也安下心恢复了正常的工作。

但是仍有一些工会干部把我们当成敌人,态度很强硬,提出一些根本无法实现的要求。我不顾其他董事们的反对,一次又一次地交谈,但他们的行为还是触碰到了我的底线。最终,我决定辞去工会的这 23 名核心成员,也做好了接受各种刁难的准备。想到之前的努力,虽然很想辩解,但是作为经营者,必须要端正态度,我认为,是时候展现强硬的一面了。

几天后,我的办公桌上出现了 23 封信。我预感到是要被解雇的职员们的信。在我放弃了之前的劝说方式,采取强势出击后,他们的态度开始转变了。他们应该理解我不想走到这一步,我怀着惋惜的心情开始一封一封地读这些信。几个月的时间见了无数次,因此每个人我都记得,看着上面的名字我就能回忆起他们的面容。

以"长期以来给予我们培养和等待、真心交谈使我们醒悟的执行总裁,还有各位董事,真心地感谢你们"的话开头,信中大部分内容都是表示感激,以及因为企业并购产生的误会,反省这段时间的错误行为。还有表露了要自动解散工会的约定,以及接下来在工作中要尽心尽力的决心。信中还提到,他们是一家之主,要负责家人的生计。这些用真心写的一封封信中提出,他们真心希望可以再一次体会到在百货店工作的幸福感。

这些人是父亲、母亲、心爱的女儿、骄傲的儿子。很长一段时间,他们的抵抗把我折磨得很痛苦,也曾使职员们难堪,但他们同样也是需要我们拥抱的家人。最后我还是推翻了之前的决定,接受了所有人。之后,他们认真地接受服务培训,面带笑容地在百货店为顾客提供服务,尽职尽责。我偶尔到店铺遇到他们,想起之前的事情就会有感触。

通过这件事我明白了互相理解、关心的重要性。只站在自己的立场想问题,就会觉得对方的话和行为都是不合理的,无法沟通,形成了一堵又厚又高的墙。要推倒这堵墙,首先要把自己面前的墙摧毁,这样对方才能靠近。利害关系越是复杂,对立立场越是尖锐,就越有必要先把自己的立场放下,站在对方的角度去思考。

没有原则就会忘记目的

相爱的人若考虑到结婚,便会看对方的家庭情况。不只是电视剧,现实生活中如果两个家庭的经济状况和文化差异过大,结婚就要经历很多的难关。

企业也有联姻的情况,企业间的 M&A 就是这样。结婚是男女从相爱开始发展的,但是企业间的 M&A 不是从相爱开始的。M 是 merger(企业合并),A 是 acquisition(企业收购),两者的法律程序很类似:通过一家企业获得另一家企业的股份;有的时候也会是两家企业成立新的公司后,新的公司获得两家企业的股份。企业合并和企业收购经常写在一起,被认为是一样的词语,但内容却是大不相同。企业合并是将收购的公司解体,使其成为公司的一部分的形态;企业收购是不解体收购的公司,使其成为子公司或是独立的公司,又或是关联公司进行管理的形态。

两种情况都是在适应变化的经营环境中,摸索企业生存方法的过程,但是分为以投资目的为主的短期收益型和以改善经营方式为主的多元化型。

从美国起源的企业并购,随着急速变化的经营环境在我们国家活跃地展开着,并且受到社会的各种关注。有的企业虎视眈眈地盯着由 M&A 带来的市场股价急剧变化,想要伺机扩增企业资金,即使受到社会的指责,很多优秀的企业仍会加入高价收购的竞争中,收购成功的企业在并购后也容易处于危急状态。虽然在竞争中赢了,但是由于超出财政负荷反而让自己陷入危机,甚至留下后遗症,经历着"赢者诅咒"①或是"胜者灾祸"等残酷的考验。

因此,企业的 M&A 想要成功的话就必须要有基本的原则。乐天集团在这个领域有相关的经验,每次都确立明确的原则,在认真地验证原则正确后,才开始准备企业合并。也就是说,实行 M&A 不能只有扩充企业的欲望,还要应对并购后发生的一切状况。

第一,必须是熟知的领域。经营者就不用说了,股东们和职员们都认可的领域,我们并购才有可能应对得了。原则上,公司内没有相关领域专业人士,或是企业的真实情况没有公开的情况下,不能轻易出手进行并购。否则,即使顺利地合并成功了,在经营新的企业的时候也会遇到困难。

第二,必须考量本公司能否承受得了。能否掌握现在的市场环境,在竞争中是否有赢的可能性,这些需要检验再检验。

第三,用准备好的资金进行并购。想要获得短期收益而并购的,也有短期内没有获得期望的收益,而不得不放手的情况;又或者是为了长期的经营多元化而贷款并购的,原本的企业陷入赢者诅咒的可能性也很高。因此,在保证对现有的企业没有影响的情况下,考虑利用剩余的资金进行企业并购。

---

① 赢者诅咒是指多角化的公司因过于自信,而以较高于市价的价格去并购目标公司,也用于在拍卖中出价过高,此乃对自我经营能力过于乐观所造成的后果。——编者注

第四,要缜密地探讨与现有的企业领域能否产生综合效应。要是经营两家独立无业务往来的公司,经营者和职员们都会疲惫,之前在企业原本领域投资的一些资源也会耗竭。

第五,要冷静地对待被收购公司的认证资产,最重要的是要有规划。

这五点是通过企业并购的多次经验总结的原则,也是对企业透支进行M&A的行为总结的教训。如同甜美的食品会损害健康一样,不能只想着通过M&A获得收益,却看不到因此产生的一些问题。因此,要仔细品味"越是急着向前走,就越是要回头看看"这句话的意义。

要理解职员的不安情绪

完成并购后,最大的争论焦点就是原有的职员问题。就像 GS Square 的职员们那样,遇到了自己承受不了的困难,被不安和危机感重重包围,很多情况下他们就会采取反抗的方式。因此,无论是企业合并还是企业收购,如果解决不好原有职员的问题,就很难顺利地经营。当时到处都有冲突,只能以乐天Square 股份有限公司的名义委托经营,现在所有问题都得以解决,又重新和乐天百货合并了。虽然绕了一个大圈,但我相信之后会获得更好的结果。

举个例子,如果父母离婚的话,孩子要怎么办? 以前,主张亲权的父亲和想要抚养孩子的母亲会形成对立,互相为了孩子抚养权采取法律诉讼的情况很多。但是,现在情况却大有不同,夫妻双方都不想抚养孩子。曾经有新闻报道,孤儿院、福利院中一半以上的孩子都是有父母的,父母离婚后,孩子便没有了一席之地。

那么企业又是什么状况呢？自己工作的公司与其他公司合并了或是被收购了,职员们的不安感是无法隐藏的。一部分人会跟着新的公司走,还有一部分人因此丢掉了工作。为了公司兴旺,这是不可避免的。因此,企业并购的前提条件大部分是维持继续雇佣关系。不管是收购公司,还是新创立公司,保障原有职员们的工作是并购中大家最关心的问题之一。当然,在保证雇用的前提下,并购后也会有要求重新签署雇佣合同、调整架构的事例;甚至会发生被收购公司的职员们临时创建工会团体,进行强硬的反抗这样的事情。企业职员过于敏感,与并购方形成对立关系,对双方都没有益处。并购方最好站在员工们的立场上去思考、去主动沟通。对于职员来说,这是事关他们生存的敏感问题,感到不安是理所当然的。并购方最关键的是要努力做到让他们安心,但是大部分企业都做不好这一点,因为他们把企业的盈利放在了首位。要想获得更大的盈利就要先消除职员们的不安,带着他们一同前进。

不可以因为权益而放弃机会

2002 年,乐天百货收购了美都波百货店,现在改名为乐天百货芦原店,由乐天美都波股份有限公司单独经营管理,由乐天百货执行总裁负责。在收购美都波百货店的时候,职员们的不安感也很强烈,因此他们成立了强硬的工会。

百货店有种轮岗工作制度。一个员工不是只在一家店工作,也会到其他店工作,在女装店工作一段时间会到童装店工作,在厨具店工作的也会到运动用品店工作。积累多种经验后会有晋升机会,或者通过培训也能晋升为管理人员。乐天百货里就有高中毕业后来公司做店员,积累了经验再通过职位培训成为乐

天青年广场(Young Plaza)①店长的例子。这是通过自身的热情和努力,超越了
学历和职级的界限才得以实现的,相信之后也会有很多这样的职员不断涌现。

乐天百货芦原店保留了之前美都波职员们的工会,他们拒绝了轮岗工作
的制度,因为他们怕被派到其他店的时候,会处于不利的地位。站在弱者的立
场来看,即使强者没有做出强势的行为,弱者也会惧怕。收购他们公司的乐天
百货对他们来说绝对是强者,虽然这并不是乐天百货的原意,但是站在他们的
立场是完全可以理解这种不安感的。公司不想与他们发生争执,于是尊重了
他们的要求。但是工会的成员由于受到工会的保护,是不能晋升管理职位或
是成为干部职员的,因为他们成为管理职员或干部职员的同时,就会失去工会
成员的资格。这样一来,受到工会保护的职员大部分是普通职员,年龄不断增
长,却没有到其他店、其他部门工作的经验。自己丢掉了晋升和学习其他部门
业务的机会,对晋升不关心也不努力,只是维持着单调的职场生活。

乐天百货的工人组织觉得惋惜,开展了积极的说服工作。对于自动拒绝
晋升和转换职级教育的职员,以给他们提供相同的机会为前提,让他们解散之
前的工会团体,加入到乐天的工人组织中来。在这个过程中产生过很多误会,
这些职员对公司的怨言以及刁难的强度增加了,职员间的冲突也加深了。但
最终,他们表现出了想要转变的意愿,与所有乐天百货的职员们一样,有同等
的机会,享受相同的待遇。虽然我们要尊重当事人的权利和利益,但是保护他
们权益的同时,不能让他们放弃获得平等晋升的机会。我认为抓住机会,利用
机会提升自己的能力,更好地发挥能力,使自己成长,也是职员该享受的权益。

---

① 乐天 Young Plaza,是韩国第一家青春时装专卖店,是给年轻人准备的大型综合商
店。——编者注

最重要的是激励

虽说真心是沟通的前提,但是做到这一点并不简单。考虑了因此而流失的时间,故要进行合理的说服和努力的对话。

在并购中虽然保障了雇佣关系,但即使不再做其他的架构调整,很多职员们也会自然而然地有些颓靡。就像小孩子跟随再婚的爸爸一起生活,看新妈妈的脸色一样,很多时候被收购公司的职员感觉被鄙视,无法像以前一样做出相应的成果或是诚实地工作。

这时候,经营者就要站出来,公平地对待职员,不偏袒地分配任务,对获得杰出成果的人毫无保留地夸奖、补贴,在遇到失误时愿意关怀他们并担起责任。如果像传言中的继母一样差别对待原有职员和新职员,是无法实现公司统一的,通过 M&A 期望获得的成果和发展也是无法实现的。

无论怎样保障雇佣或经营者挺身而出,要想新的职员和原有职员的想法、姿态和行动达到一致,是需要时间的。经营者要懂得耐心等待。虽然并购后公司的规模扩大了,企业经营多元化、多样化了,但要想获得成果还是需要时间的。

因此,除了保障雇佣关系,还有一点是经营者一定要做的,即要做出长期的、合理的、有说服力的规划,并使之成为职员们的共识。此外,规划不能成为旷野里的回音,或是只看重短期的成果。那些职员已经在不安中静观结局,深切地体会过了迷茫的情形。他们的心情就像船员们某天突然发现船长丢了,而我们要告诉他们一同去往的目的地是哪里、怎么去,每个人要怎么做才能合理有效地将我们坐的船安全地行驶到目的地。经营者要通过教育和行动让他们真切地感受到我们是坐同一艘船去往同一个目的地的团体。

伊丹敬之所著的《经营的力学》①中说:"平凡的经营者会指示,好的经营者会说明,杰出的经营者会成为榜样,伟大的经营者会点燃职员心中的热情。"经营者处于引领人的位置,做出指示虽然简单,但是解释说服却很难,所有的事情都以身作则更难,最难的就是能让人自觉地去思考和行动。但这些都不是很难实施的事情,经营者想做的话是完全可以做到的。

如果经营者满足了从外部赋予动机的条件,接下来就是要激励职员们自发形成动机,各种成果补贴制度、福利制度等都是能看到的激励。在这些之上的激励是什么呢?难道不是在这家公司、这个组织里,按照这样的规划,和这些人一起工作时感受到的开心和幸福吗?这并不是我一个人的想法,而是每位职员心里的所想所望。

---

① 伊丹敬之所著的《经营的力学》于 2008 年 11 月由日本的东洋经济新报社出版。——编者注

商即人　人即商

没有人从一开始就是完美的。在一起工作中学习，在失误中学习，有时甚至是通过巨大的失败学习。

请相信自信和热情

崔仁浩的小说《商道》中有说到林尚沃(号稼圃)的故事。林尚沃说过"人即商，商即人"，即"做生意并不是要获取利润而是要赢得人心"。这句话从经营学的角度分析就是，"所谓经营，与其说是为了获得利润，不如说是为了赢得人心，最终人才是通过经营要获得的最大财产"。通过《商道》学到的巨商林尚沃的经营哲学，成为我在经营期间非常重要的方针，所以我后来要求很多人去读这本书。

因为是人(职员、经营者)做的事，是对人(顾客、合作者)做的事，是为人(职

70

员、顾客、合作者)做的事,所以在经营中,无论什么时候,人的问题总是最大的。

在组织或是体系不完善的公司,因为一位经营者或一位职员,公司可能会发展,也可能一下子就倒闭了。人是最大的问题,同样也是最重要的、需要放到首位的问题。

现在人才很多,高学历、高水准的人才也不少,个性分明、表达自己想法的年轻人也越来越多。

我曾参加过一次招聘高中毕业生的面试。当时问了一些常规的问题,有些应聘者的回答是我们预料之外的,他们很自信地发表着自己的意见。遇到预料外的问题,有些年轻人也可以不慌张地、很有条理地把自己的想法表达出来。当时的我多少对时代的变迁和年轻人的思想变化感到惊讶。他们在面试官面前,完全可以按照面试官的愿望回答的情况下,也毫无顾虑地按自己的想法阐述。要是按以前的企业文化,我们可能不太容易接受这样的职员,担心他们工作时过于个性。但是经过长期在实地与店员们接触,我认为可以明确表达自己的想法和意见的人,在做事的时候也会做得很好。

随着上级赋予的信赖度,职员们的能力和成果也会有所不同。对人的信赖不是嘴上说说的,而是要用心来传达。想到给我分配任务的人对我的信任,我就会发挥超常的能力把事情做好,这是人之常情。有的人只是单纯地顺应组织,做上级分配的事情,也许一开始对公司会有所帮助,但是这样的人很容易厌倦工作,没有发展前途。我认为自信心和热情,是要对方相信自己的表现,相信给这样的人分配任务一定会有回报。

在当下这个舞台上成为主角

新进公司的员工对公司是充满无限期望的。如果公司里面的新员工多，他们有新的知识、新的思考方式，一开始可能作用不明显，但是随着时间的推移，可以激励那些只按说明书工作或者使用老一套方法的前辈们。而且，新进人才在提升公司的竞争力方面的作用是很大的，并能使现在在公司繁忙工作的人也能经常回忆起当初刚毕业进入公司时的眼神和热情。越是年龄大、社会经验丰富、熟悉组织生活的人，就越是害怕改变，越顺从地选择生活的道路。现在的我很有自信，是因为我在学习和体验中、成功和失败中，经历了反复试验。有时"施行"就可能会有"错误"发生，与年龄和成果无关。问题是，随着时间的推移，好多人会因为害怕"错误"而不想"施行"了。

在企业工作的人才，要最大限度地发挥自己的能力和才华，使企业盈利、组织顺利运转，这是很重要的。但光凭着自己的能力，忽略与他人的协作，或是认为把自己的事情做好就可以了，是不行的。真正的人才，要像对待爱人一样会施予爱。懂得施予爱不是指简单地通过能力和才华获得工资，而是在做事的时候，考虑怎样给予他人和社会。

现在是人才辈出的时代，迅速获得注意、快速获得成果、立马获得晋升的人很多。反过来，他们下滑得也很快。瞬间爆发的光很耀眼，也很吸引眼球，但是光亮却不能持久。有能力影响着周围人的人，即使不突出，也会获得益处。

没有人从一开始就是完美的，人们一起在工作中学习、在失误中学习，甚至有时是通过大的失败来学习。不是自己认真就能做好，有的事情需要和其他人一起完成。要是认为总经理一个人怀着热情,尽最大努力经营公司就会发展,是很不现实的。企业的发展需要和所有与企业相关、与公司发展相关的负责人一同行动,这些人可以是职员、股东、顾客、合作公司,偶尔也可以是包括政府在内的公共机关。要想与这些和企业相关的负责人不碰撞、不冲突,还保持稳固的利害关系,是需要智慧的。智慧以丰富的知识为基础,在经历了许多失败后获得。没有知识和经验的智慧,只能说是小把戏。

俗话说,"三个臭皮匠赛过诸葛亮",这说明许多人的智慧胜过一个杰出的人的智慧。同样有段时间,很流行这样的话"一位天才能养活一家企业",意指企业对杰出人才的渴求。现在可以说,人才也达到了平均化,头脑聪明、学历高、水准高、品格好的人才逐渐增多。有着专业知识及良好修养的人,才可以在企业里面通过他们的各种想法和智慧一较高下。

经营者要与这些具备知识和智慧的人才一同经营企业,首先要更全面地充实自己的智慧。经营者的智慧体现在,有识别优秀人才的慧眼,能创建体系让他们在恰当的位置上发挥最大的能力,且做最终决策时坚决果断。经营者同时要具备站在高处、统揽全局的洞察力,对每一处的情况问题都可以合理有效地引导前进。独有的智慧及眼光,可以说是经营者必须研究的课题。

"做事要主动,这是成就自我的过程。只做分配任务的人,最多只能成为打杂的。"这是日本的军事家织田信长的话。

没有专门为某个人准备的位置,也没有为了让谁发挥能力而专门提供的机会。每个人有不同的能力,发挥的地方也不同。如果只是傻傻地等待,觉得机会还没到或是以运气不好为借口,是不会有一席之地的。人的界限与其说是受周围的人或情况限制,不如说是自己造成的。本来有意志坚持就可以克服的问题,也容易解释是他人、现状造成的。如果在思想上觉得事情无法完成,瞬间这件事情就真的无法完成了。

经营者要尽力给职员们提供正当的、公平的机会,要给每个人创造发挥能力的领域。如果都不给他们创造这样的机会,就指责职员能力和热情不足,是不行的。

保持积极的想法,努力做到最好

曾经读过元老级话剧演员朴贞子的采访报道,有段让我记忆深刻的话:"演员要是对角色没有野心,就是不作为。但是不站到舞台上,就不能算是演员。不管是什么角色,首先要站到舞台上演出,才算是演员。"

我们每个人都是人生舞台上的主人公。没有人会为我准备好舞台,我现在站着的地方就是我人生的舞台,在舞台上我要尽自己最大的努力。不能因为舞台小,不是主角,就一直干等。即使是配角,有时甚至是临时演员,也要把角色演好,到真正成为主人公时才能发挥最高的演技。

现在是一个多样化的时代,在所有人用资历、水准分胜负的时候,用自己独特武器的人会更成功。而武器也是多样的,有的是技术,有的是演说能力,有的是突出的沟通能力。现在已经从之前只有高学历这个武器的时代,发展到发挥每个人特长的时代了。

有许多家庭出身更好、长得更好的人,也很努力;所以我们不能以自己的状况和困难为借口,坐以待毙。在现有的位置,不尽自己最大的努力,只等待机会和好运,是不行的。好的机会和运气不会自己送上门来,不要忘记"机会是给有准备的人"的。

下面是我在某本杂志上看到的故事。

美国的一家铁道公司的总经理去巡查铁路建设,以前一同工作过的同事过来和总经理搭讪。

"好久不见了,你现在成为总经理了。恭喜啊!"

"啊,是啊! 你现在还在这里工作呢?"

之前的那个同事回答说:"回想起来,当时我们是为了每周赚 50 美金工作吧?"

听了这话,总经理回答说:"你是这样想的吗? 我当时和现在想的都是,如果我好好工作,火车可以安全地行驶。我都是想象着乘坐火车的乘客们开心、安全旅行的样子,怀着开心的心情在工作的。"

只为了赚 50 美金而工作的人和为了乘客们能开心、安全地旅行而工作的人,未来一定会不同。为了面包而工作,只要做满工作时间,就可以获得报酬,这和考虑别人的幸福而工作的结果是不同的。世上谁会给只想着获取的人赋予重要的任务? 只满足于工作报酬的人,只能永远停滞不前。

现在我做的事情是什么? 以什么样的想法、什么样的姿态在工作? 如果是以自豪的心情倾注所有的热情,观察你的人会想和你一同工作的。人才不是与生俱来的,而是需要自己努力走出来。

要想走得远就要一起走

当公司里倾听同事们的意见、帮助掉队同事的人变多的时候，公司就会持续成长发展。

想共事者，另有其人

"驼负百钧，蚁负一粒，各尽其力也；象饮数石，鼹饮一勺，各充其量也。君子之用人，不必其效之同，各尽所长而已。"这是中国明朝的思想家吕坤（1536—1618 年）的《呻吟语》中提到的一句哲理。

企业是大家聚到一起工作的地方。企业这个组织要前进，最终是要靠人的行动，经营者的任务就是推动所有人前进，从而达到预定的目标。

以前，区分人才主要看学校、学历。大多数出自名校的人才，在企业中也起到了中流砥柱的作用。因为他们在学校里经历了竞争，通过诚实的努力以及成绩证明了他们的优秀。

但是随着社会变化速度的加快,所有领域的多样性都在扩大,只凭学校、学历无法满足现状的情况逐渐增多了。很多人虽然通过了艰难的就业之门,但是只工作了几个月就觉得不适合便提出离职。学历和学校虽不是很了不起的事情,但是很多拥有高学历的名校毕业生在各个地方都会做出惊人的成果。

在长期的职场生活和社会生活中,我们会遇到各种各样的人,有的人是长时间一直都有打交道,有的人只是遇到过一两次打个招呼便擦肩而过。如果经历了长期的社会生活,就会在某种程度上形成一个看人的标准。

作为经营者也有看人的标准。生长的环境、所处的状况以及接触的人的类型不同,这个标准多少会有些差异,但是不会脱离社会的一般理念太远,差别只在于优先关注的内容是什么。

什么样的人是人才? 我觉得和这个问题相比,更重要的是关注想和你共事的人是什么样的人。

第一,要和正直的人一起工作。正直的人即指实在的人,只需要短短几分钟的谈话就可以了解这个人正直与否。正直的人讲话的方式不天花乱坠,能堂堂正正地注视着对方的眼睛说话。当然不排除注视着对方的眼睛说话的人也有说假话的,但是正直感在心里根深蒂固的话,无论以什么方式都会显露出来。

第二,要和诚实的人一起工作。有人会在自我介绍里写优点是诚实,但诚实并不是简单一句话就能表达的。诚实不是写在简历或是自我介绍里,而是通过一个人的行动和价值观自然而然地体现出来的。这种诚实不同于认真工作,有的人无论做什么事情都尽最大的努力、倾注最高的热情,他们大部分从小就被培养成为诚实的人。对于管理者或者经营者来说,诚实的人能给他们带来很大帮助。而且这样的人如果成为管理者,会给部下职员提供机会,使他们能够热情地工作。

第三,要和心里时刻关心着他人的人一起工作。企业是许多人一起带着共同的目标行动的组织,一个人过于向前或落后都是不行的。并不是说像军人那样脚步整齐划一就好,至少眷顾着周围,倾听共事者的意见,拉一把掉队的人。有这样想法的人变多的时候,公司就会持续地成长和发展。

朝鲜王朝时,在壬辰倭乱①获胜的将军李舜臣,是被柳成龙提拔任用的。柳成龙小时候和李舜臣在一个村里长大,并且和他的哥哥是好朋友,所以他很早就发现了李舜臣的才能出众。李舜臣在 32 岁武举登科后被困于边境,在遭到陷害被降职或是发配时,柳成龙都会帮助李舜臣,给他安排要职、提供大量的资源。李舜臣凭着柳成龙的信任和援助,最终在壬辰倭乱中赢得了胜利。

为了他人和社会而工作,自身才会得到发展

想要了解一个人,只看眼前的目标和利益是不行的。在企业里,想要成为被需要的人,自身也要付出更多的努力。如果只把自己定位为在别人迫切需要的时候才出现的人,还没等展示你的才能,就会遭到被淘汰的下场。

经营者如果选择了共事的人就要相信他,懂得等待。有"疑人勿用,用人

---

① 万历朝鲜战争,又称朝鲜壬辰卫国战争,先后共发动了两次战争;日本称之为文禄之役,第二次称之为庆长之役;朝鲜及韩国称之为壬辰倭乱,第二次称之为丁酉再乱;中国称为朝鲜之役,与宁夏之役、播州之役合称为万历三大征。这场战争由日本前关白丰臣秀吉在 1592 年(壬辰年,中国万历年间,日本文禄、庆长年间)派兵入侵朝鲜引起。因朝鲜的宗主国是大明帝国,是故向中国求援,明神宗应请求派军救援,日本占领朝鲜并试图殖民同化朝鲜的行动受阻,朝鲜民族文化火种得以保留。丰臣秀吉也在战争末期死去。他死后不久,日本军队全部从朝鲜撤退。——编者注

勿疑"这样的话,意思就是说"怀疑的人就不要使用他,使用的人就不要怀疑他"。选择共事者的时候,"这个人要是做不好事怎么办呢? 要是不诚实怎么办呢? 不正直怎么办呢?"如果存有一丝这样的怀疑就不要选择他。否则到最后,对个人以及组织都没有一点益处。

所有职场人的起点都是一样的,关键是要以什么样的心态对待工作。有人最终会成为经营者,有人也可能以普通职员退休。组织有组织的目标,公司是不会让只注重自己利益的人担任要职的。

此外,事情再小,要尽力去做的态度也至关重要。小事可以是沏咖啡、接电话,亦可以是打扫卫生。事情再小也尽力去做的人,不管做什么事情都会尽力做到最好。

在一个电视娱乐节目中,有位骨干演员说了这样的一句话,"在拍摄场地有特别热情打招呼的演员,他们的演技也都很好"。不分长辈、晚辈,总是面带微笑、热情打招呼的人,在演戏的时候也会做到极致,尽自己最大的努力演好。有条不紊地把现在的任务尽力做好的人,最终会有大展宏图的机会。

对自己做的事情要感到自豪,即使是小事也要怀着自信认真去做,要怀着我所做的事对我的现在和将来、对他人和社会有重大意义的自豪心情去努力。

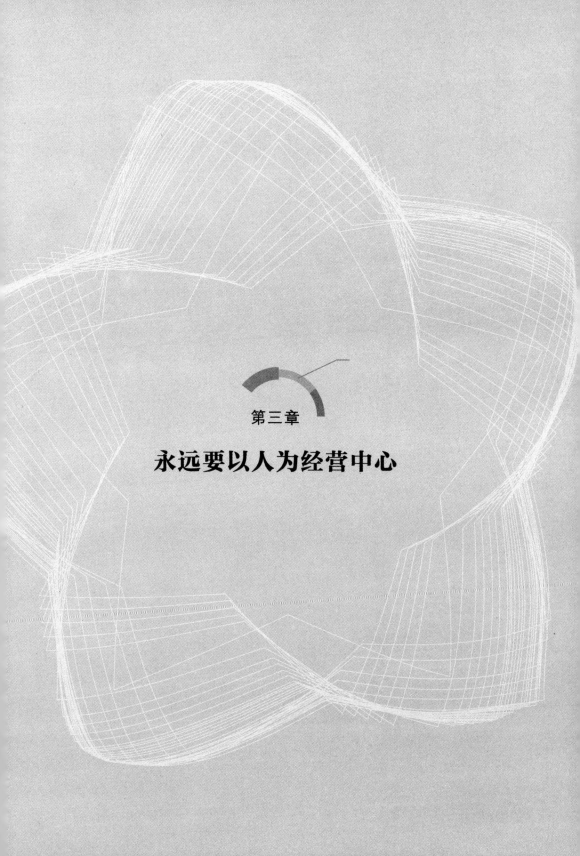

第三章

永远要以人为经营中心

学习人文学是理解自己和他人的基础

无论是为企业的发展，还是为丰富自己的人生，
只有接触到人文学才能知道其中的奥妙。

要对自己从事的事情有自信

作为领导，无论是大企业还是小公司，要让每一个员工对自己的工作有自信。尤其是从事服务行业的员工，更要对自己从事的工作有自信。

1983 年，美国社会学家阿利·罗素·霍奇柴尔德（Arlie Russell Hochschild）写了一本关于分析美国达美航空公司空姐的笑容和亲切服务的书《情绪劳动：如何将我们的情绪转化为商品》（*The Managed Heart*：*Commercialization of Human Feeling*），文中第一次提及了情绪劳动的定义。据他所说，情绪劳动是指需要将外泄的自身情绪管理好，这种情感劳动往往会占据业务的 40％。而关于"情绪劳动的范围是什么"，则一度成为热门议题。

随着产业结构从工业时代到服务业的转变,以及越来越多的女性参加工作,情绪劳动者也随之增多了。直面顾客的服务行业的情绪劳动者,需要很高的自我情绪控制能力。

对每一个做事情的人来说,尤其是情绪劳动者,一定要有自己的人生观,热爱自己的工作。"我为什么做这件事情","我可以通过做这个得到什么","我做的事情可以给社会和企业带来什么帮助",这些问题需要自己常问问自己,也得清楚地知道答案,如此才能有意义且毫无动摇地认真工作。

乐天百货也曾经邀请过名师给职员们讲课,朴东奎教授的"职场人的使命"、金·特丽萨修女的"人生特讲"等,都是很有益的教学课程。职员们可以通过这样的课程,对自己的工作更加自信,也让他们可以重新审视服务的企业和顾客。我们偶尔也会让家属一同来听讲,让家人也一同感受自己的丈夫、妻子和孩子是以怎样的心情在工作,感受他们在工作中遇到的困难。

人文学的学习需从关心他人开始

服务的本质是对人的理解和对顾客的关心,想理解这样的本质要从理解他人开始。学习人文学,会给职员们带来存在感并且减少压力,还可以了解顾客的情绪,从而有助于转变服务态度。

几年前,我结束了首尔大学课程"回归本源讲堂"后,把它推荐给了公司董事以及职员们。我认为人文学可以培养想象力和洞察力,是引导一个组织所必备的条件。

人文学的主体是人,是学习人是什么,为什么会出生,如何生活下来,以及怎样生活才能算是真正的人的生活文学。自然科学或社会科学主要是由一些经验做的总结,人文学更多的是分析、批判以及变化使用。哲学、文学、史学、语言学、宗教学、女性学、美学、艺术、音乐、神学、考古学都属于人文学领域,主要分为文学、史学、哲学。

2011 年 2 月,三星经济研究院调查的结果显示,韩国的经营者逐渐意识到了人文学的重要性。97.8％的人认同"人文学的知识可以给经营者经营企业带来帮助",82.7％的人认同"愿意雇用人文学知识丰富的人",只有 35.7％的人回答"企业经营管理中无须看重人文学"。

经营者理应重视人文学。仔细观察世界知名企业(除了拥有尖端科学技术的公司)的发展,随着产业的国际化,只有通过人文学的管理经营,才可以成为世界级企业。

将人文学与企业经营管理融合在一起,会有怎样的变化呢?

乐天战略中心的研究报告中是这样介绍的:

第一,通过融合人文学提高了企业的创意和竞争力。在建立企业文化和改变企业发展方向时,人文学是必不可少的。以从事电影制作的皮克斯动画公司为例,公司内部培训机构"皮克斯大学"为提高负责人及职员们的人文素养开设了写作、文学、哲学等 100 多个人文学课程。动画电影制作也是在史学家的帮助下完成了剧本,所以优秀的电影需人文学的注入使其更完美。

第二,人文学探索人的本性,着重于从史学的角度看待问题,所以会有效地预测未来的经济环境趋势。IBM、埃克森美孚、通用电气公司、英特尔等世界知名企业内都设有企业战略中心,以预测未来的发展趋势,制定企业中长期战略目标。惠普公司前首席执行官卡莉·费奥里娜是学中世纪史学出身,具备超强的潮流前瞻意识,她将数码新技术诠释成文艺复兴时的"历史新起源",且获得了成功。另外,英特尔公司在吉尼·威贝尔博士的主导下,于2010年创立了"相互作用、体验研究院",打算至2020年再度创新电脑体验方式,将工程师、软硬件专家、设计师、人类学家、心理学家、科幻小说家等各个领域专家的思想融合在一起。

第三,理解人最直接的行为举止、理解人文学,并将其反映在产品和服务上。比如,智能手机等IT产品的用户界面。

为理解人的本质做出努力,在经营企业中非常重要

谷歌的工程师兼执行总裁达蒙·霍洛维茨曾说过,"用户界面开发中与技术同样重要的就是观察和理解人的能力。这方面,人类学家和心理学家贡献最大"。三星电子设计研究中心中,有13%是人文社科专家,明显看出,多种知识的融合会提供更加有创意的想法。

如上所述,企业经营者要牢记,人文学早已成为企业成长和发展的基奠。那么,我们要如何做,才可以将人文学有效地融合到企业经营里呢?

首先,要在理解人文学的价值和在对人的理解上多做努力。经营管理者在企业文化和企业制度的变化中有举足轻重的作用。

未来学家丹尼尔·平克在《全新思维:决胜未来的六大能力》一书中提到,"目前以知识为主导的时代即将结束,以懂得融合艺术与情感的创造性能力为主的高概念时代即将到来"。高概念时代,就是将看起来毫无关联的想法融合在一起,创造出全新的想法。

2009 年 3 月,首尔大学为了"培养拥有自由想法和创意的下一个时代的人才"而创立科学技术研究院。学院教学以工学、自然科学、人文学、社会科学、经营学的融合研究为主,希望可以在多种学科融合下产生革新型知识技术,突破目前的产业格局,做出创造性革新。

实际上,向乐天百货的董事和公司职员推荐了首尔大学课程后,取得了怎样的结果呢?具体来说,有一个巨大的变化,就是从市场营销企划到各种活动的提案都超越了过去,有非常新颖和创新的想法不断出现。通过学习人文学,丰富了想象力,"创新"已深入人心。虽然是公司层面组织的人文学教育,但通过对人文学的学习,职员们对自己的工作、对顾客和周边人的理解和看待事物的角度都有了很好的提升。

在经济快速发展期间,我们无力去享受精神上和文化上的东西,没能真正懂得那些意义,只顾向前进。但现在,无论是企业的发展,还是个人的一生,通过了解人文学才能有质的飞跃。人文学非常广泛,普通人可能没办法去深入了解,但最近也有各界的专家从不同角度诠释着人文学,也有丰富多彩的人文学演讲,以供大家学习。

历史知识是竞争中的武器

学习历史是从对过去的理解中学到智慧，让人对
自己更有自信。

学习历史可以提高自信心

"大家好,我是最早期的西洋归化人朴渊。你们对我不熟悉吧？那我来做
一下自我介绍吧……"

第二届征文赛中拿到大学生部大奖的郑在宪的作品是这样开头的,故事
开篇就像朴渊给现代年轻人讲述自己。

仁祖五年(1627),16 名荷兰人朝着台湾航行,因为逆风的影响被迫在济州
岛附近停泊,并在朝鲜度过了余生。他们将西方的军事技术传授给了朝鲜,其
中有一位叫朴渊的人与朝鲜女子结了婚,后来成了元氏和朴氏的祖先。

提到朴渊我们会想到什么呢？我们可以想象他在陌生的国家中遇到的混

乱与艰辛,但写征文的同学更深地联想到了多文化家庭的结合。

征文赛共组织了两届,第二届还出现了 YouTube① 视频作品,增加了趣味性。

第一届参赛的人员所写的大都是大家耳熟能详的人,而第二届有不少我们平时没想到、但在人类历史上扮演过重要角色的历史人物出现,让我们赞叹不已。

历史和文化是一个民族的标志,也是倒映未来的镜子和教诲。尤其是学习历史,可以通过对过去的理解而得到智慧,加固自己的自信心。通过了解自己的根源,树立自我,更加明确了未来的方向。只有学习了历史,才能体会历史的重要性;正确了解自我,才能真正喊出世界化,才能在国际大舞台上更加自信。

从圣贤之人身上看到未来

很多年前,我曾和夫人一起在成均馆大学上过东方儒学课程。我们学习了儒学的基础知识,虽然细节部分有些想不起来了,但是在那段时间学习到的知识对我之后的人生有很大的帮助,尤其让找记忆深刻的是"圣贤之人"。

圣贤之人有必要和上层阶级、两班贵族②做区分。不是所有的两班贵族都

---

① YouTube 是设立在美国的一个影片分享网站,让用户上载、观看及分享影片或短片。公司于 2005 年 2 月 15 日注册,由华裔美国人陈士骏等人创立。——编者注

② 两班贵族简称两班,为古代高丽与李氏朝鲜的一个社会阶层,处于社会等级制度的顶端,主体为士族与官僚。两班子弟通过科举和荫荫取得官位,通过婚姻继续维持两班地位,因而两班阶级也具有世袭的性质。——编者注

是圣贤之人,圣贤之人也不是仅仅坐着读书写字的人。圣贤之人是努力对自己说过的话负责、说到做到的人,有时为此不惜舍弃生命;学识渊博但从不骄傲自满或拿出去显摆,在人和自然面前谦卑恭顺。

再次回想起这种圣贤之人的精神,是在准备坡州高级折扣店之时。2011年12月,乐天百货高级折扣店坡州店终于开业了。位于商场中央的文跋川是原属于坡州市政府的地,最后与坡州市政府协商后建设成了以家庭顾客为主的接触大自然的空间。商场的A馆和B馆、C馆和D馆隔着文跋川相望,文跋川也由两个桥连接在一起,供消费者购物之余欣赏大自然的风景。在建桥时,我们就想给它们取个让消费者感受到坡州历史文化的名字。于是,我们给它们取名为鹤桥和三贤桥。

坡州奥特莱斯附近有一座非常知名的寻鹤山,乐天百货高级折扣店坡州店就位于坡州出版城和寻鹤山附近。我们为了与寻鹤山做关联以增加亲切感,考虑将"寻"和"鹤"两个字使用在桥名中。鹤会来的山,想一想都很美妙。寻鹤山入口有一座小桥名叫寻鹤桥,我们给那座桥取了一个通俗易懂的名字——鹤桥。

另一个桥名是为纪念古代坡州的三位圣贤而取名为"三贤桥",并在桥上刻了桥名的由来,希望来到坡州的人们,不仅可以了解坡州的历史,也能跟随几位圣贤之人的足迹四处游览。

近年来,许多经营管理者以言行一致、以身作则、质朴谦逊为领导的哲学。有时,在西方的领导力理论中解决不了的问题,要用东方精神找出答案。

圣贤之人的精神不仅留下了前人的智慧与对待人生的态度,在全球竞争的时代中也起着举足轻重的作用。

一般来说,经营管理者最大的压力是业绩。业绩不好的话很难做新的生意计划,哪怕制订了好的计划也会因为犹豫不决而搁浅,这就是面临的现实。但如果只顾眼前的业绩,企业是无法持续经营下去的。经营者如果不看 5 年、10 年,提前做准备,企业哪里经得起风雨?

经营管理者也会遇到很多诱惑,但不能为了眼前的利益迷失了企业战略方向。过于执着于眼前的利益,久而久之企业就无法生存下去。

就像圣贤之人放眼于未来,企业经营者也要努力学习圣贤之人的智慧,为企业的长久生存和打造受人尊敬的企业而多学习历史知识,读前人的著作,游览历史遗迹。

世界级人才的另一个武器——历史知识

学习历史不仅是为了培养国家观和爱国心,还是成为世界级人才必备的武器,尤其是要懂得自己国家的历史。

我在生意场上遇到过许多世界级顶尖人才,他们每个人都对自己国家有非常强的自豪感,也充分了解自己国家的历史。学习国家的历史,可以使人在产生爱国之心的同时,也对其他国家的历史产生兴趣。这样慢慢扩大自己的视野,培养洞察力,增强理解他人的包容心。在国际生意场上,当然不仅仅是聊工作,也会谈人生、各国的历史文化、世界趣闻等。这样的场合就会显现出个人的教养,如果连自己国家的历史都不了解,又如何和他人交流下去呢?所以,我经常奉劝职员们平时多看些历史书籍。

历史征文比赛中,我们也会被一些不是很熟悉的故事所感动,很多都是没有记录在历史课本里却在实际历史中出现过的人物故事。比如,追随拿破仑的士兵们,与天才科学家爱因斯坦、爱迪生一同做过研究的科学家们等等。我们在历史课本里学过李舜臣将军做的铁甲船,却没有人知道一同参与铁甲船制造的人,以及跟随李舜臣将军打仗、战死沙场的战士们。

生活在 21 世纪的我们,也会成为子孙后代的历史,有些人会被铭记,有些人则不会,我们该如何生活下去才会成为未来子孙后代的人生指南?

用韩国属性来赢得胜利

不了解韩国，不了解我们的历史，怎么可能成为世界级企业？

用韩国属性来赢得胜利

"要打造对自己国家有自豪感的团队。"这种想法是在我成为乐天利的执行总裁后产生的。经历了 IMF 式经济改革,全球性企业陆陆续续进入了韩国市场。当时,快餐领域中麦当劳、汉堡王、肯德基等是绝对优势型的企业,乐天利作为本土品牌,虽然受到人们的欢迎,却没能做到及时满足顾客需求。为了应对全球性企业带来的竞争,及时满足顾客的需求,要想一想如何用韩国产品赢得胜利。

首先需要分析下消费群。对于快餐消费的主要消费群进行分析后的结果是,麦当劳在十六七岁到二十四五岁年龄层的消费者占比较高,乐天利在十二三岁到二十七八岁年龄层的消费者占比较高。从中可以看出,我们要提高十六七岁到二十四五岁年龄层的消费者比重。我们发现,如果能攻破十二三岁和二十七八岁年龄层的消费者,就可以带动以家庭为单位的消费群体,提高客单价。此外,麦当劳是以学生为主,但乐天利以上班族和单身族为主。为此,乐天利增加了儿童区域,带孩子来光顾的客人可以让孩子在这里玩耍。和各位经销商商量后,我们将店铺装修风格做了改变,把乐天利打造成了儿童和大人都喜欢的品牌,并随之开发了一些符合大人们口味的新产品。

想要超越竞争者,就要了解竞争者。《孙子兵法》中有提到,"知己知彼,百战不殆"。我们在乐天利内部,要求"科长级以上管理者,要做关于美国历史的报告书"。同时,向员工推荐了一些书并且要求其提交读后感。

我们还要求乐天利员工必须知道汉堡的由来。汉堡的历史非常悠久,13—14世纪,塔塔尔族将羊肉放到马鞍上压到一定程度后,加入葱和盐作为调料,这种吃法通过商人传到了欧洲,在德国演变成了汉堡牛排,之后随着新大陆的发现传到了美国。1904年,在美国圣路易斯开展的世博会中,一位厨师因餐厅太忙自己没有时间吃饭,在圆圆的面包中加入午餐肉、番茄酱、芥末酱等配料,做成的就是最早的汉堡。1979年,乐天利在小孔洞开业,开始贩卖汉堡,而麦当劳是1988年进入韩国市场的。

根据汉堡的由来,可得知各国的历史,让我们对食物有了新的认识,对售卖这个产品就自然有了更多的自信。了解自己在售卖的食物和竞争国家的历史是非常重要的,尤其是乐天利的最强对手麦当劳的诞生地——美国,该国历史必须熟知。所以,我要求科长级以上的管理层学习美国历史,并提交报告书。同时我也要求他们学习周边国家的历史,了解两个国家的整个历史发展过程,最后再回到韩国的历史。

当然顺序可能有些颠倒,但了解了竞争国家的历史后,我们理应了解一下本国的历史。知己后才能知彼,学习历史是清楚了解自己的根本。但现实是,如果不是学历史专业的人,估计高中时学的历史知识就是全部了,有些人可能高中历史也忘得差不多了,大部分人看历史电视剧时才会想起相关的人物和事件。

如果不知道我们的历史,不清楚地了解自己,怎么去分析我们的消费者,怎么打进国际市场? 通过学习历史,我们研发出了米饭汉堡、泡菜汉堡、烤肉汉堡,攻破了韩国本土的饮食壁垒。我们在研发过程中,付出了很多努力,也有过失败的经历,成品出来后,模仿我们的麦当劳都没有成功。米饭汉堡和泡菜汉堡最后成了乐天利的明星产品,至今仍是最受大家喜爱的产品。

他国的历史和我国的同样重要

号召大家学习历史,成了乐天利职员们意识改变的契机。2004 年年初,我调到乐天玛特超市当执行总裁,在一次上班的路上,转道去了首尔大学人文学院国史科。刚好我在研究室遇见了卢泰坤教授,与教授分享了对历史的见解后,我恳请他"可否为乐天玛特超市的职员们制作历史考试题,并进行结果评估"。虽然与教授是初次见面,也许因为我的真诚热情,我立刻得到了教授肯定的答复。从那个时候开始,乐天玛特超市的职员每年都要进行历史考试。2007 年 2 月,我调到了乐天百货,同样也对职员们提出了需学习历史知识的要求。2006 年 11 月,在得知有"韩国历史能力检测考试"后,2007 年年初,我就把这个考试引进到了升职制度中。要升为管理层,就要通过韩国历史能力检测考试二级;要升为主任职位,就要考过等同于高中水平的韩国历史能力检测考试三级。

学习历史可以了解过去,首先,要清楚地知道自己的根在哪儿,通过学习历史提高自己并确定未来的方向。其次,只有知道自己国家的历史才会更加尊重其他国家的历史,只有了解了其他国家的历史才能顺利进入国际市场,才会知道他们的国情以及消费者喜好,才可以发现打开现在和未来的"钥匙"。

有了国家才有企业和个人

我的办公室里挂着一幅许英曼画家的作品,是我手拿太极旗(韩国国旗)站在地球上的自画像,记者们也常说"李哲雨社长对太极旗有特殊的偏爱"。

太极旗是什么? 太极旗不是韩国的象征吗? 太极旗中有我们民族特有的感情。太极旗中的白色底是明亮和纯粹的象征,代表着热爱和平的民族特征,其太极中的阴(深蓝色)和阳(红色)代表着和谐。另外,太极周边的四个小标称作"乾、坤、坎、离","乾"是指天空,"坤"是指大地,"坎"是指水,"离"是指火。

美国人将美国国旗印在 T 恤或内衣上,使用得非常广泛。但在我们韩国,只有在国庆日或有大型活动时才会把国旗挂在路的两旁,以家庭为单位挂太极旗的现象越来越少见。2002 年,韩日世界杯时,许多年轻人身穿红色 T 恤,手拿太极旗,在街边加油,说实话我有些震惊。之前很少能看到将太极旗披在身上或贴在衣服上的,把太极旗看作圣物的我们这代人,看到这样的年轻人难免会觉得新鲜且陌生。

　　亚洲金融危机期间,乐天利开发出了米饭汉堡、泡菜汉堡,都是因为有要做出适合韩国人口味的差异化产品的使命感才能做到的,更何况我们要大力宣传乐天利这一本土品牌。我认为,全球性企业进入韩国市场时,消费者是带着既好奇又反感的心理面对的,我们应该加强对本土品牌的关心和鼓励。在向国内消费者宣传乐天利的时候,我想到的就是象征着韩国的太极旗,将大型太极旗挂在墙上,意指"我们是在同一片土地共同生活的韩国国民,我们是韩国企业!"在乐天利店内使用的杯子和包装纸上印着太极旗图案,也给消费者们发过小型太极旗,还制作过太极旗贴,发放给私家车或出租车司机。乐天玛特超市大扩张时期,店门口一直挂着太极旗,我们还曾制作过超大号太极旗,引起过广泛关注。

　　每到国庆日,乐天百货和 UCC 大会会举办表演大赛或有奖竞猜,大赛获胜者会被赠送车辆、李相逢设计师设计的太极旗 T 恤等;三一节①时我们会制作太极旗广告气球挂在店门口。另外,出于宣传本土品牌乐天利,并为经历 IMF 式经济改革的国民们加油打气的目的而做的广告活动,还得到了总统大奖。

　　现在是没有国界障碍的竞争时代,不能仅靠爱国心的驱使和保守贸易主义赢得竞争。在这种全球环境下,要挑战市场就要清晰地了解自己的来历。

　　全球化是从确立自身来历开始的。作为土生土长的韩国人和乐天利的一员,我们需热爱公司,以及对自己做的事情有自豪感,还要有明确的民族感和历史感。为了提高素养,为了拥有人文学和明确的民族感,就要学习国家轨

---

　　① 三一节是韩国五大国庆日之一,日期为每年的三月一日。三一节是为了继承三一运动的独立精神,巩固民族团结,培养国民的爱国心而设定的纪念日,是韩国大规模反抗日本统治独立运动的纪念日,也是韩国的全国公休假日。——编者注

迹——历史。乐天进行的历史考试、韩语考试以及太极旗广告等活动,都是出于这个意图。

等确立了自身的来历,就要学习别人的历史并了解他们。我认为国际关系需要互惠平等,先了解了韩国人的来历,再了解其他国家的历史,成为世界级企业,成功的可能性才会变大。真正地了解了他人的文化、习俗和历史,我们才能有自信地进行协商,才可以拿到主导权。当然这不是一下子可以做到的,需要长期持续地进行下去。

我出生在战争年代,小学二年级、只有 8 岁的我就经历了 3 年的战争时期,那是非常痛苦的。虽然我出生、成长都在首尔,却要到外地亲戚家避难,亲眼看到无数躺在街边的孩子尸体,也有亲朋好友死在面前,这些回忆我长大后也一直无法忘记。

经历过战争年代的人们的共同点是什么? 应该是都有"有国才能有家"这样的想法。日本侵略时期也是一样的,我虽然年纪尚小没有什么记忆,但是听大人们讲过失去国家的悲伤和痛苦。记得日本侵略和战争时期的人们,一定会真切地体会到国家的重要性。

亚洲金融危机那样艰难的时刻,韩国人民通过聚金等方式,以全世界惊讶的速度脱离了 IMF 式经济改革阵痛。从而可以看出,韩国的团结精神是多么的强大,只要是国家的事情,大家都愿意挺身而出。

我看着太极旗,想到出生在韩国,可以成为韩国的国民,是非常荣幸且感恩的。太极旗不应只在国庆日才能看到,而是应该一直在身边。

做全球生意需要先认清自己。连韩国都不了解,如何展开全球生意? 对太极旗的爱,要从学习国史开始;学习国史,要从学习世界各国历史文化开始,这样才能为本土品牌逐步发展成世界级品牌打下良好的基础。

所以,我才会在家门口 365 天都挂太极旗。路过门前的人们若问:"这家怎么每天都挂国旗啊?"我会这样回答:"太极旗是一直和我们在一起的精神支柱。"

女性的活跃改变世界

在国际化时代，充分利用女性的才能，是提高竞争力的有效措施。

关注女性人才

"（她们）适合服务行业吗？"

这是百货商店第一次要用军官出身的女性职员时，几位负责人提出的质疑。作为服务行业的百货商店，全体人员中80％是女性职员，但总部商品企划或者主要企划业务人员几乎都是男性。

百货商店80％的消费者是女性；但在总部，商品部门的核心商品企划人员，还有经理职位，几乎都是男性。我经常会有这种想法，女装、男装、内衣、婴儿用品、饰品，一切日常生活中所需的商品，几乎都是女性来购买的，我们是否忽略了来消费的女性的需求呢？

100

以我在军队的经验,我相信女性军官会比一般女性更加懂得组织生活,领导力也更加突出。虽然女军官和男军官一样,接受了同样的教育和军队生活,但退役后都找不到合适的工作,所以我想利用她们的长处。以前社会上也有过更加优待男性的情况,但现在越来越少见了。现在军校培养女军官,还有女子大学,几乎没有什么地方和活动会禁止女性参与。也许参军2~3年的男性会觉得不公平,但之前许多企业,长期以男性为主要的雇佣对象,其实是间接性地对女性不利。

我们雇用了军官出身的女性职员,并把她们安排在商品企划及店铺企划等职位,男性职员们也悄然发生了变化。他们最初感觉突然加入了强劲的竞争对手,后来慢慢地开始学习女性的细心和亲切感。

女性和男性的特征显然是不一样的,看待事物的角度和处理方法都大不相同。男性会看得更广、更远,却没有女性细心,女性处理问题的方式会更着重于微小的细节上。取长补短在团队管理中必不可少。

在管理方面,男性管理者会更着重于结果,女性则更注重在整个过程中是否符合道德和伦理。当然人和人之间是有差异的,男性会倾向于关心公司的内部架构,而女性则更倾向于关心自己的工作责任,女性比男性更加会察言观色。"可以承认男女有别,但是不可差异化对待。"经营管理者需要一再强调并时刻谨记这句话。

女性职员在流通行业成了焦点,而在百货商场,女性消费者的地位也变得越来越重要了。

需持续投资女性职员

我在乐天玛特超市时,第一次挖掘女店长,而百货领域的第一个女店长是在青州乐天青年广场诞生的。这两位都不是外调来的,而是我们公司慢慢培养出来的。这给集团内其他女性职员也带来了希望,相信不久的将来,会有越来越多的女店长和女董事出现。实际上,在同时入职的职员中,女性的晋升速度是更快的,我很期待女性的突破。

发达国家女性比韩国的女性更早参加社会工作,给女性的机会和制度也更加完善。三星集团相对较早开始支援女性职员,目前集团内任总监级以上要职的女性占比正逐渐上升。可以说,这也是三星可以成为世界级企业的重要动力。

虽然乐天集团比三星稍微晚了一些,但中层职员中女性占比也在逐渐上升,未来会有更多女性担任公司要职。

好企业会给女性职员同等的机会,对于做出成果的奖励相对男性职员也没有任何差异。给到同等机会的意思,就是在核心业务和主业务中不忽略女性职员。再者,有挑战性和成就感高的业务中也不排除女性,而是给和男性职员同样的机会和报酬。

最迫在眉睫的是,支持兼顾家庭和事业的女性,使她们上班时间不再担心小孩子。对事业有野心也有能力的女性,因为孩子的负担不得已退出职场,无疑是社会和企业的损失。

2009 年,乐天百货作为国内首个与保健福利部签署了《为孕妇提供好的环境》的业务协议的公司,展开了促进生育的活动;保健福利部和乐天百货还组织过 30 位未婚男女的相亲会。2010 年,在首尔钟路区斋洞为职员们开了"乐天百货幼儿园一号店"。目前只有首尔、釜山、大邱有乐天百货幼儿园,在其他地区也即将陆续开园。这样一来,不仅为女性,也为男性职员提供了兼顾事业和孩子教育的良好环境。

美国的强生公司还与主要保育服务公司签订了合同,公司支付职工子女大部分的学费。这使女性职员的精力可以更多地投入到工作中,并提高了她们的忠诚度。

公司对女职员们的教育也是不可或缺的。对女职员的教育就是要通过职业培训和转岗培训,使她们找到适合自己的业务,并提高她们工作的满意度。当然,这么做需要得到公司内其他组织成员的同意。不分男女,仅仅是在企业中共同工作的同事,这种观念的转变就非常重要。就算有再好的系统和制度,如果企业成员们的观念没有改变,就仍然没有办法给女职员提供良好且公平的工作环境。

女职员们自身也要转变观念,不能把公司当作暂时停留或者短期内发挥一下能力的地方。当然,现在很少有这种职员,越来越多的女性希望得到企业和社会的认可。在强势的企业氛围内,发挥特有优势而获得成功的女性无一不丢掉消极的姿态,本着为企业和社会做贡献的精神,为成功而奋斗。企业是不会为短期工作的职员投资的,也不会对他抱有期望。不仅是这样,他们也许会比公司想的更早离开。公司成员要有必备的工作姿态,这是基础。

女性的时代一定会到来

"社长,近两三年职员们的生育率有了提升。"

这真是好消息。流通行业、服务行业都是以女性职员为主,我们的百货商店生育率提高,让我觉得我们公司终于给女性职员提供了良好的工作环境。

21世纪是感性的时代,可以显示女性感性和细腻的工作变得越来越多了。由于女性的语言天赋和共鸣能力突出,处理事情会比男性更加圆滑。在世界级企业中也体现出了女性职员的活跃。百事可乐、杜邦,近年来还有IT企业惠普和IBM的首席执行官,都是女性。2000年以后,世界级企业的女性CEO也越来越多了。

韩国女性的活跃度也值得一提。女子高尔夫赛中,我国选手获得第一名的次数过百次。不仅在体育运动上,各个领域中都可以看到女性活跃的身影。在小学、中学和大学中,学生会会长是女生的学校占一半以上;2013年,律师合格考试中女性合格率达41%,司法研修院中被录用的女检察官占比也超过了60%;首尔中央地方检察厅内,自古以来以男性圣地著称的公安一部和特殊一部也都安排了女检察官就职。文化艺术界也一样,国立中央博物馆、国立现代美术馆、首尔市美术馆的馆长也都是女性。

但是,看到女性活跃度还不够的报道,还是不禁让人惋惜。2013年6月8日的《朝鲜日报》报道如下——

韩国女性接受的教育不比男性少,参加经济活动的占比却还是20年前的水平,韩国劳动力市场的变化没有跟上女性学历的变化。韩国女性的大学入学率从 1990 年的 31.9％,提高至 2010 年的 80.5％,已达到世界最高水平。发达国家中女性的大学入学率分别为,美国 73％、瑞典 70％、英国 60％、法国 54％。但韩国女性参加经济活动的占比仅从 49.9％上升到 54.5％,排经合组织成员国中倒数第 3 位。丹麦 77％、瑞典 76％、英国 70％、美国 69％,大部分都超过 70％。可以说,韩国女性接受的教育虽比其他任何国家都高,却没有充分利用。

在历史上,女性要在男权社会发挥自己的聪颖和能力不是件容易的事情,教育福利和社会环境都不支持女性独立、成才。但时代变了,高能力且高学历的女性人才越来越多,女性潜在的细腻和创意也在社会各个领域大放异彩。

求职网站曾针对企业招聘人员进行调查,70％的人对于"在人才市场中女性占上风"的现象深有体会;对于"优秀的投简历者,男性偏多,还是女性偏多"这一问题,55.2％的人回答是"女性"。相信这不仅仅是招聘人员的想法,在实际工作当中的确有许多优秀的女员工。

要提供更多的机会

为了让女性安心工作,发挥自己的能力,就不应该让她们为结婚生子过于忧虑。公司应该尽可能减轻她们的负担,这样是不是可以多多少少缓解低生育的问题呢?

实际上,从企业立场出发,这部分是一大笔投资,负担很大。即使是这样,我们也要向前看,为将来投资。因为企业的所有生意都要靠人来完成,消费者越多,工作人员就要越多。举例说,在 1000 人的地方做生意,和在 1 亿人口的地方做生意是不一样的,市场规模和消费者规模都不同。企业走向世界,与全球企业抗衡,是因为消费者在寻找更大的市场。但是,如果生育率下降导致人口下滑,消费者也会越来越少。随之而来的就是,工作的人减少,企业也变少。需求减少了,供给也减少了,这就是经济原理。政府和企业带头开展生育奖励政策就是因为这样的危机感,所以我们有必要探讨生育率下降的原因。如果没有任何的经济支援和政策,有了孩子后没有办法安心上班,提倡提高生育率只会是所有女性的负担。

为在百货商店工作的妈妈们提供多种多样的支持和制度,并积极实施奖励政策,公司内的生育率有了明显提升,这是非常值得开心的事情。

在资源紧缺的时候,我们国家最好的资源就是人。因为有大量活跃的人才,国家才可以在短时间内发展得这么快。我认为,未来如何运用人才,是企业以及国家生存和发展的重要武器,尤其是在女性人力资源的快速扩张趋势已占到韩国全部人力资源的30%的当下。

社会和企业需要解决已婚妇女在生育和教育子女上的苦恼,在建立相应的制度和系统来支援的同时,还要创造良好的文化氛围,让女性充分发挥她们的聪明才干。

希望可以听到员工大喊,"我们公司的生育率是行业内最高的!"

知识和智慧共存的时代

如果具有洞察人和世界的慧眼，遇到任何困难都可以游刃有余地解决。

知识是企业生存和竞争的必备条件

世界精英界领袖彼得·德鲁克在 1999 年提出了"知识经营"的概念,《21世纪的管理挑战》这本书曾介绍过。实际上,国内企业真正开始关注知识经营是在 2000 年,之前我们受日本企业影响比较严重,但后来逐渐受到美国企业的影响。1990 年,从美国开始的业务重组等企业变革逐渐浮出水面,同时在美国接受经营学教育的人才开始归国,韩国在经历了 IMF 式经济改革后对经营变革的效果开始感兴趣。但是经营改革有可能引出大批失业者,而进行经营改革的企业的确会裁掉一大批人。

知识经营是企业生存力和竞争力中不可或缺的,这里指的知识是技术、情报、想法以及实现想法的工具。具体一点,情报技术的数据及加工情报的能力,是人类创造性革新能力中最大的组成部分,知识经营中着重强调的就是"人类的创造力是知识社会里的核心竞争力"。

彼得·德鲁克将知识定义为,通过改变做事的方式或开发新鲜事物代替旧模式,从而提高附加价值。企业为了生存应该提高竞争力,强调所拥有的人力资源的知识竞争要超越竞争公司。企业的竞争力是通过考量组织成员的知识来判断的,以及这些知识如何有效地被管理、提升之后演变成公司财产。

通过知识经营,企业更积极地对主体"人"进行培养,呕心沥血地增加竞争力。

我不认为一开始职员们就会喜欢学习其他国家的历史,并写报告书。在公务繁忙时,还要抽空看书学习、准备考试,并不是件轻松的事情。但是通过学习历史和参加历史考试,关注历史类电影、电视剧,重新认识了我们的历史,还可以与孩子们偶尔探讨历史课题,这些都是值得高兴的事情。

学习并积累知识并不是短期能见效果的事情,随着时间的流逝,在不知不觉的情况下,所学的知识会作为强有力的竞争力显现出来。

21 世纪需要智慧经营

智慧经营可以理解成用智慧来经营,如果说知识经营是个人和企业提高竞争力的方式,那现在有必要转换成利用不同知识的融合达到综合效果的模式。苹果公司就是将技术和人文学融合在一起,开发出的产品得到了全世界的喜爱。史蒂夫·乔布斯强调,"苹果的创意性产品是苹果站在技术和人文学之间才做到的"。以技术为中心的 IT 行业着重于探索人类领域的人文学,才得到了全世界人民的关注。

IMF 式经济改革后,韩国倾向实用学科,忽略了人文学。但近几年来,我国大学人文社科类讲座逐步赢得了大家的好感。学校积极开展人文社科类讲座,学生们也喜欢听这类讲座,这是振奋人心的消息,这种现象可以说是企业对全方位素质人才需求的反映。

目前,知识经营依然是企业经营的重头戏。但通过知识和信息,提高企业的附加价值,在现在的社会更为重要。知识经营扩张到创造经营,知识、信息和创造性想法会造就新的市场和新的结果。人文学作为从理解人开始的学科,可以给企业带来新的变化。

"理解人"就是强调人文学。学习人文学,通过历史中的事件和人物的行为,体会文化作品、哲学的诞生背景和哲学家的思想,感悟艺术作品或艺术家的情感,可以很好地面对和经营自己的人生。这种智慧还会体现在与客户、合作商和其他有利益关系的人之间的人际关系上。人文学也在培养对未来的洞察力上有重大影响,这不仅对职员们适用,对管理者也适用。历史书籍受到现代人的追捧和学习,正是因为从中人们可以学到生活的智慧。

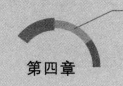

第四章

唯有不断的变化和改革才是生存之道

换了想法就能看得到

改变想法，不是单纯改变行动。

我们是做什么事业的公司

我一直在零售行业和百货店工作，1998 年我获得了晋升，担任乐天利执行总裁一职。初上任，我对一个比较生疏的工作领域——快餐行业的担忧远远超过了晋升的喜悦。虽说这是可以开发和验证经营者能力和资质的好机会，但同时也是考验的平台。当时亚洲金融危机刚过，韩国经济状况不是非常好，对一直都没有太多坎坷、保持成长和发展稳定的乐天利来说，是应该警惕的时期。

如果经营者有自己的专业知识，当然是最好不过了；但如果不是，那就需要带着有专业知识的员工，一起去经营公司。作为经营者不仅要有专业知识，更重要的是要管理好组织，让成员发挥出更大的效率。经济情况是不断变化的,无论好坏,让公司持续成长和发展是经营者的使命和责任。

我既然作为乐天利的经营者,首先要去了解快餐行业。我用三个月的时间去细致地学习了快餐行业的特点和结构、国内快餐行业的市场现状等知识。当然,了解乐天利的现状和巡店工作我也没有怠慢过。虽然不能巡视所有店铺,但是代表性的直营店和加盟店我都去过,也在思考着乐天利的发展战略。在学习中,我还注意到一点,乐天利虽然属于快餐行业,但是以特许连锁体系来运营才是它的本质。

当时乐天利直营店和加盟店大概有 370 家,总部主导所有直营店和加盟店的食材和各种包装、纸巾等辅料的供应,同时负责整体营销及促销活动。掌握了乐天利的现状后,第一个浮现在我的脑海的疑问就是:"乐天利这家公司到底在卖什么?"

乐天利采用了直营店和加盟店两种运营方式,品牌管理、营销促销活动由总部统筹。这种体系跟全球特许连锁体系有些不同,跟国内的其他特许连锁体系也有差异。如果一定要去划分行业,乐天利总部制作和提供基本原材料,可称为制造业。总部把食材和辅料供给各地乐天利的连锁店,也可称食材零售行业。其中任何一环都是不能疏忽的,但是最重要的是什么?我最终得出的结论,就是给顾客提供最可口的饮食,这也是乐天利的饮食业角色决定的。饮食业最重要的就是给顾客提供最好的饮食和服务,因此我判断出它最终属于服务行业。这样想我就明白了如何去经营乐天利,"顾客服务"这块因为我经历过多年的百货店实践和现场等磨炼,自信不输给其他人。

差异化源自服务

在就职演说中,我把乐天利的经营目标归纳成三点。

第一,要成为世界的乐天利。前任执行总裁在职时,乐天利已进军海外,并且与很多世界级企业竞争。现在要向东南亚、向整个亚洲、向世界进军。

第二,要进一步发展为倡导健康饮食文化的乐天利。乐天利从日本到韩国,已适应韩国人的口味,物美价廉的快餐经营模式在不断成熟,需进一步提升产品质量和服务。

第三,要营造快乐舒适的乐天利。快餐店一直被认为是短暂停留用餐的空间,即使如此,也很有必要提供可以慢慢享用的环境。

了解了快餐行业的现状和经销体系后,我跟总部人员一同去了解了乐天利的现状。通过接触,我发现乐天利很多人员以前就职于制造业。制造业的特点就是,他们大多认为"做出好产品就可以了"。乐天利要做有名气的品牌,好产品是最基本的元素。供应好食材是总部必须要做到的,但为顾客提供良好的用餐环境,大多数人觉得只跟各直营店或加盟店的负责人有关。

总体上说,在乐天利里,整个流程的管理观念非常强烈,乐天利具备了其他经销总部无法达到的优越体系。乐天利在食材味道上不输于任何竞争公司,但对服务的认知不是很到位,特别是不能灵活对待顾客的事情很多。

有工作守则当然要遵守,但缺乏现场灵活性是不行的,一切原则的中心是顾客。知道顾客要的是什么,在不远离公司方针和原则的范围内,要给顾客提供便利。这不仅针对店铺,也适用于总部的员工。

进乐天利的顾客要的是什么？我们要在顾客立场上去思考。只服务回头客，这样的想法本身就是没具备良好的服务观念。这种观点让人觉得公司不是致力于给顾客提供更好的服务，而是只在乎增加店铺数，满足于给加盟商提供原材料。经销总部这个角色我们做得是很好，但对加盟店和顾客的服务方面还是非常薄弱。乐天利要加强服务业的角色，这个问题是非常重要的。

管理思维的重点是整体流程的协调，用这样的思维去维护企业，乐天利就能做到韩国快餐业第一。想在激烈的竞争中保持位阶，并进军全球市场，如何满足进乐天利消费的顾客，是决定事业成长和胜败的关键。这不仅是指总部人员，跟加盟店和管理人员也密切相关。

改变想法最难

改变想法，不是单纯地改变行动。行动可以通过短期的培训得到改变，但是改变想法需要思考最根本的东西——乐天利不属于制造业，而属于服务行业。如果企业一直都是业界的龙头，大家就会觉得现在也非常好，何必去改变，就很难在这个观点上得到共鸣。当时，很多人看好乐天利的品牌名声来加盟，再加上总部供应所有原料，因此仅凭原料供给也能赚够钱。

快餐行业的成功要素是什么？为了给顾客提供更好的服务，我们应该做些什么？这需要大家共同思考。在烹饪技术越来越发达的今天，品牌之间口味上的差异不是很大；即使开发了独有的产品，没过多久，竞争对手也会推出类似产品。最终，需要通过顾客喜爱的口味和可以使顾客满意、让他们再次登门的服务来达到差异化。

快餐行业的服务要从准备、制作、提供食品的过程整体考虑,把服务局限于点餐、买单、送餐、打扫和整理桌面、向顾客问好等范畴,有很大的局限性。所以,乐天利对总部人员和加盟店负责人全体实行一年两次的定期培训。这种培训从早上开门到晚上停止营业,可以接触到在店铺里发生的所有情况。通过这些,培训人员学习到了烹饪方法、卫生管理方法;同时乐天利对加盟店员工也进行了培训,还鼓励和支持总部人员去学习关于服务的课程。

当时我首次提出了学习历史的建议,职员们通过培训学习了全球相关企业及其历史,对服务的本质有了想法的转换。如我之前提到的,一天改变想法不容易,要逐渐渗透到思想上,慢慢让身体表现出来。

要让停住的车再次发动起来

如果掌握了改革和变化的方向，经营者就不能动摇。

以身作则

"老板,您要参加?"

"怎么？有什么问题？"

"对您这把年纪来说,这是非常累的训练。要不您参加的时候,训练内容稍微修改下如何?"

我说要参加海军陆战队训练营,员工露出了为难的表情,看起来在担心我过了花甲的年龄,如果训练中晕厥就不大妙。

"照常进行吧,我会尽力,不会让自己成为负担。"

从走出办公室的员工背影里,我能看出他的重重忧虑。参与海军陆战队训练营是从我在乐天玛特超市开始的,到乐天百货后,我也针对一些晋升者持续进行。

在我出任乐天玛特超市的执行总裁时,乐天玛特超市在折扣店行业中算是后来者,员工大多是由其他零售公司或者集团内各领域的职工组成,没有像样的组织文化,大家习惯性地延用前任组织的办事方式。这样一来,不仅没有了条理性,应对顾客的能力也非常落后。大家共事时感觉不能融合在一起,如散沙一般,根本找不到"乐天人"的意识,团体精神相当薄弱。甚至在高管会议时,每个人也各自坚持自己的主张,主张的依据大部分出自以前的工作经验,总是借鉴过往事例,不愿摸索和尝试新的发展方案。

我思考了很多培养员工团体意识的方法,像经常组织会议或开研讨会之类,可以让员工聚在一起的活动,但大都流于表面形式。为此,我最终想出来的就是海军陆战队训练营。自从 2004 年 3 月上任乐天玛特超市执行总裁以来,我用了三个月的时间了解了公司的现状,现在是到实行具体改革的时候了。

我曾看到一则新闻,海军陆战队有针对普通人开设的训练营,短则两天一宿,长则一周,有很多人报名参加。每个参加海军陆战队训练营的人都有自己的缘由,但唯独一样的是大家都希望通过艰难的训练重拾生活的勇气。

乐天玛特超市员工的海军陆战队极限训练从 7 月份开始,按照组别我们安排了三天两宿的训练计划,一周一期,每期约 120 人参加,连续开展 5 期,参加人员达 700 余人。我率先参加了一期训练,跟员工一同跑步、抬原木、爬泥坑。

虽然训练很累,但经过训练后,员工开始有了变化。他们开始形成了"我们也能做""我们是团体"的想法。结业仪式时,参训的人员聚到一起共同分享参训感受。同一个空间、同一个时间、同样的训练,大家的感受虽然略有不同,但是所有人共同道出的心声是"如果是一个人,绝对坚持不下来"。因为有了同伴,这三天两宿的艰辛训练大家才无一掉队地坚持了下来。

刚刚任职时的我,再怎么喊"我们需要变化"也无济于事,但通过参加海军陆战队的训练后,大家都意识到了变化的必要性。之后,不管多忙,每期结业式我必会去海军陆战训练营所在的永宗岛。

变化就是让停止不动的车重新启动起来

因为乐天玛特超市是零售行业公认的领头羊乐天集团创办的,所以员工一直都相信企业肯定会做得很好,但恰恰这种意识成了阻碍发展的原因。现实是残酷的,乐天玛特超市已被其他竞争对手远远地抛到后面了,企业员工还不愿承认这个事实。

如果一家企业只相信过去的成功经验,消极应对市场变化,不去满足顾客需求,不管多大多优秀,都会陷入成功的陷阱(success trap)。根据变化的市场环境,企业的随机应变是很重要的,但企业变化是既重要又艰难的事情。研究数据表明,企业尝试改变和革新后成功的概率只有20％～25％。也就是说,75％～80％的企业虽然认识到变化的必要性去尝试了变化,但大多以失败告终。

即使经营者切实感到变化的必要,努力大声呼吁,如果员工没有共鸣和行动,也是变化不了的。这不像让车简单加速那样简单,变化和改革更像是让停止不动的车重新启动出发。甚至不仅仅是出发,还要加速启动并且懂得保持速度才行。重新启动仅凭经营者独自的意志是不够的,还要不断地说服组织成员,让他们理解变化的必要性,并且还要指引出变化的可行性和共创未来的愿景。更重要的是,经营者必须安抚因变化而感觉混乱的员工的不安情绪。

当然,重新启动也会有阻力,因为变化本身就会让人感觉不安。作为经营领导者,当我提出海军陆战队训练计划的时候,当我引入历史考试的时候,当我劝说员工去听人文学课程的时候,都有抵触的声音,甚至有些员工公然地发牢骚说,"这些事情跟我们赚钱有什么关系"。

变化的阻力来自于人们不想失去自己觉得有价值的东西,也有变化意识薄弱的缘故。不仅如此,还有对变化意义的误解——变化对我们组织来说没必要。如果大家都切实感到危机,产生了共鸣,变化是不会有阻力的。但至今为止做得较好且用这种方式有过成功经验的人,会容易有抵触情绪。特别是那些知道变化后会发生诸多繁杂事的人,会有更大的抵触。

这些情绪从表面上是看不出来的,他们不会正面反驳经营者的想法,但不主动行动也是抵抗的一种方式。不管看得见还是看不见的阻力,经营者都要掌握和了解。特别是企业中有一定经验的中层管理者和现场负责人,他们会害怕变化。企业的高层领导有很多机会在社会的各个领域感受到变化的必要性;现场一线工作人员能直接接触顾客,听到他们的心声,也可以亲身体会到跟合作商关系上的难处,他们对变化的必要性和经营者绘制的蓝图有共鸣,而且能很快行动起来。所以经营上的改革,必须要说动中层管理者才能成功。

最重要的是,如果经营者抓住了改革和变化的方向,就不能动摇。在企业经营的过程中,在推进变化和改革的时候,无论是经营者还是员工都需要耗费很大的能量,尤其是现场工作人员会有很大压力。这时如果经营者表现出动摇,或者在需要决策的时候优柔寡断,那么员工会很容易精疲力尽。经营者的每一句话对现场员工来说都非常重要，经营者的动摇会对现场带来很大波动。

彼得·德鲁克的《德鲁克日志》里有这么几句话："我们生存在大变革的时期中，变化是一种规范。确实，变化很痛苦，也有风险，且会有很大量的工作。但是如果没把变化当作组织的一个部分，那么组织将无法生存。"

最快感知市场的变化、灵活经营的企业才能生存下来，经营者就是要事先预知，通过迅速、合理的决定带动内部的变化。

共鸣需要身心一致

经营者要做的最重要的事情之一就是判断。经营者应彻底掌握组织的情况，通过综合判断后做出决策。做综合判断时，要考虑组织的内外情况，要懂得区分对内、对外利益相关者的哪些需求可以接受、哪些不能接受。大多数时候，人们都会以组织利益为先。如果经营者做了错误的决策，组织成员则会因为失去方向而彷徨。如果经营者没有及时做决策，负责的工作人员也会不知所措。

经营者的决策附带着他的责任。经营者是最高决策者的同时，也是最高责任人。

法国作家圣埃克絮佩里在《南方邮航》一书里提到领导的作用时这样说："领导是责任人，他们会说'我失败了'，而不是说'我属下失败了'。"

五十年前，我参加了预备军官团的三期军官生活。当时我第一次对当领导有了各种想法，成了经营者后，也会时不时想起那时的经历。预备军官团在韩国是一边在学校学习的同时，一边会得到作为军官的一种培训。我从大学三年级开始,每年利用其中一个月进行训练。一般服兵役需要三年左右的时间,虽然预备军官团跟服兵役的时间没法比,但其训练强度绝对可以一拼,还能体验到关于领导力的各种训练。培训时经常会被教练体罚,他们不会容忍一点失误。

训练结束后,就会被安排到部队,一般担任步兵少尉,也就是小队长,可带领40余人的士兵。军官在战场上,不仅要带领士兵,也要保护士兵的生命。军官错误的判断和行动,会导致士兵的牺牲,如果不理解士兵的苦衷,士兵也不会听从军官的命令。

参加过训练后,军官就会懂得对训练中可能发生的事情要做预先准备,统筹全局。军官也大多亲身体验过体罚的强度,这也有利于去指导和管理士兵。

即使是想在对方立场上去思考和行动,如果没有亲自体验过,就没有那么容易。几年来,乐天玛特超市和乐天百货的员工参加海军陆战队训练营时,我每次都是第一期参训,因为我要先体验员工所感受到的身体和精神上的痛苦和变化。如果我没有参训,只在结业仪式上赞扬一句"辛苦了",就可能不会有人把我当领导来尊敬或愿意跟随我。经营者不能仅仅得到心中共鸣,也要在身体力行的事情上得到共鸣,做到以身作则。信任是从身体和心产生共鸣的时候开始的。

判断和决策是经营者可以做的事情,但实际工作还是需要员工行动起来配合执行。没有人会按照自己不信任的人做出的判断和决策行动,所以当员工以"相信与拥护"的想法来做事的时候,经营者的决策才会得到更好的执行。员工的信任是在经营者的判断和决策总是公正准确,一心一意为员工着想时产生的。同样,经营者的决定不能出尔反尔,不能动摇,这样员工才能脚踏实地地工作。

　　经营者决策时当然会先想到积极肯定的结果,但也要对可能发生的副作用及反面结果事先做出预测。经营情况随时变化的混乱时期,经营者的决策可以给组织指明正确方向,但错误的判断也可以使整个组织迷失方向、四处彷徨。

变化和改革是企业的宿命

有时候，经营者可能会做盲目的挑战。虽不能预测结果，但我们要用坚定不移的意志来推进。

冲击越大，变化的可能性越大

2004年春天，我任职乐天玛特超市董事不久，拜访了竞争企业的店铺。途中看到了很大一个条幅——2002年国家消费者满意度指数排行榜，所访企业排行第二，乐天玛特超市排第七，也是所列的企业中倒数第一。我回到公司就告诉了员工这一排行，还问了大家原因。大多数人说，"因为我们进入市场较晚，所以没办法"。之后，我见了董事，也问起这件事，大部分董事都知道了这一事实，但对"为什么"则各有理由。在我看来，更多的是借口。

知道问题，但对原因和如何解决问题却束手无策，而我要知道的是"为什么乐天玛特超市是倒数第一"。于是，我们从寻找问题原因开始入手，对店铺管理人、中间管理层、一线员工、商品企划、合作供应商,包括顾客反应等,一一做了调查。从问卷调查、了解实情到统计工作,整整用了三个月的时间。通过这一系列工作,我们发现了乐天玛特超市的三个问题:"贵""没什么可买"和"服务不好"。我们在超市必备的基本三项上,也就是价格、商品品类、服务,都存在问题。顾客来超市的理由是什么? 无非就是期待能有实惠的价格、多样的商品、亲切的服务。如果连其中之一都满足不了,那还算得上是超市吗?

我用调查结果作为依据,给员工说明了我们倒数第一的原因。同时,跟他们强调,如果我们不尽快变化,那不仅满足不了顾客,还会面临被淘汰的风险,这样下去很难生存。即使这样,有些员工还是急于找借口。他们的原因各种各样,有些我还真能理解其中之苦。但是这样下去乐天玛特超市会被顾客淘汰,面对这种现实性的问题,他们却未能觉悟过来。当时大家的表情中,我能看出普遍的态度大概是"现状还没搞明白""不想知道""知道但不承认"。这样的状态如何能让他们知道事态的严重性,并认真地去思考解决问题?

新的烦恼又开始了。因为乐天玛特超市事业开展得迟,所以员工大多是从其他地方过来的,相互之间的理解度偏低,我选择海军陆战队的训练方式也正因如此。幸好通过这种方式,员工之间懂得了互相尊重,也有了改革的自信心。剩下的就是我们需要一个对策,来改变顾客对乐天玛特超市的认识,以及乐天玛特超市的员工对顾客的认识。跟员工持续头脑风暴的结论是,实行"最低价 10 倍赔偿制"。这是一个好想法,先把顾客的目光集中在价格这一核心问题上。当时已经有 2 倍赔偿制,我们也想过定 5 倍赔偿制,但这种程度跟竞争企业没有很大区别,所以我们破格选择了其他企业很难模仿的 10 倍来做。

这个活动有一个显著的目的,就是让顾客尽快知道乐天玛特超市在努力改善的事实。刚开始实施时的反应虽微不足道，但是口碑好起来后，大家的反应就非常热烈了。

改革不能犹豫不决

路易斯·郭士纳是拯救陷入严重财政困境的 IBM 的著名首席执行官，他在经营麦肯锡公司、美国运通公司、雷诺兹-纳贝斯克烟草公司时，就表现出果断的判断力和快速的推进力，并得到了大家的认可。1993 年，路易斯·郭士纳成了 IBM 的 CEO。在 1985 年之前，IBM 都是世界最好的企业之一，公司逐年成长，员工也充满了自豪感。但之后开始落入非常糟糕的境地，在郭士纳接手的时候 IBM 已经跌入谷底，公司形象也变得非常差。员工过度的自豪感，让他们沉浸在自满中。

郭士纳通过接见顾客和业界的专家、工作人员努力去掌握公司存在的问题。为了拯救快要倒闭的公司，郭士纳坚决实行组织架构调整，并检验资金流动。营运较难的工厂就关门，果断整理财政赤字的部门，这一系列改革措施的实行拯救了 IBM。有一天，郭士纳了解到顾客对装有英特尔奔腾处理器的电脑有很多不满，但没有一个员工正视和试图解决该问题。因为他们觉得，总会有人来解决这个问题。郭士纳清醒地明白过来，即使面临销售下降的严重危机，员工们还是处于安逸的状态。为了避免顾客的损失，郭士纳做出了特殊发言，"IBM 对顾客犯了错误，我们要把销售出去的电脑全部回收，在问题解决前，一台也不会出售"。

员工们一下子就可以预见将会有很大损失，公司会被搞得天翻地覆。但郭士纳觉得,给顾客提供质量好的产品,改善公司的形象,远比现在损失的数亿美元更重要。以此作为契机,公司内外形象变好了,员工也变得不一样了。郭士纳上任仅五年,IBM销量就大有提高。

实行改革的郭士纳,就像外科医生一样,大胆"执刀",切开"患处"。但不是所有的"病"都非得需要"手术"不可,持续的管理和观察、生活习惯的改善也能治疗病症,不让情况恶化。

经营者在必要的时候就要成为"外科医生",大胆切开"患处",坚持持续管理和改善系统,让企业拥有良好的体质。

IBM在销售业绩严重下滑、顾客不满达到极点的时候,用消极的措施是无法改善经营和促进销售的。郭士纳采取中断销售的极端措施,反而可以让员工改变想法,发生变化,取得改革的成功。

时时要有危机管理意识

有时候,经营者可能会做盲目的挑战。虽不能预测结果,但我们要用坚定不疑的意志来推进。"最低价10倍赔偿制"的推行,是我用经营者的位置做的一次豪赌,是一次绝处逢生的挑战。这一制度的施行,就连知道变化必要性的员工也会却步。但是,我当时坚信会有成果,更重要的是,如果要改变员工的想法和行动,这种冲击在所难免。在被竞争企业远远甩在后头的局势中,商品企划人员怎能在合作商那里便宜地采购? 比竞争企业昂贵的商品,顾客怎会去购买? 我是以经营者的位置作赌注,再加上表现出承受重大销售损失的决心,员工才开始改变想法和行动,同样这也成了改变顾客、合作商和竞争企业之前消极认识的契机。

长期以来的习惯,就像性格一样很难一次性改变。但只要突然哪一天发现自己身体异常,得了胃溃疡或胃炎,甚至胃癌,人就能马上改变饮食习惯。如果被发现患上了肺癌,哪怕是抽了数十年的烟,也会去戒掉。即使是那种在身体有异常前不做任何防备的人,遇到极端的情况,也可以马上改变生活习惯。人是很难改变的,除非有那种一定要生存的迫切感才会改变生活习惯。

企业也是如此。经济繁荣、一切很顺利的时候无法感受到危机,特别是在业绩上升的时候,企业内的氛围会变得松散,在各种想不到的地方都会出现失误。在小失误没变成大事件之前,谁都无法察觉到危机。组织整体感到危机的时候,差不多就是不知道从何下手的危险情况。明智的经营者要在经营较顺利的时候时刻警惕,也因为如此。

经营者要在企业陷入危机前有所准备,当然,在经营顺利的时候也要不断注视着变化的市场环境和全球经济的流动,致力于变化和改革是经营者该做的事情。

"一石二鸟"的经营

经营者的想法，不能只停留在推进一件事情，取得一个利益。

整治树林，照顾树木

树林里有很多树，有的树沐浴着充足的阳光茁壮成长，有的树能盛开漂亮花朵或长满果实。每棵树都健康了，树林才会生机勃勃。

经营者是整治树林的人，经营者在看着树林的同时，要对每棵树都用心。比如，企业里会有产品开发部门、营销部门、广告宣传部门、人事部门、财务管理部门等，虽业务的细分化会让各自人员去分工做事，但为了保障整体运作，经营者还得成为制度的后盾。并且，经营者不仅要能掌管好员工，还要懂得股东、顾客、合作商的利害关系，还要处理与政府机关的关系，建立经营战略。

所以，经营者的想法不能只停留在推进一件事情来取得一个利益上。推进事情的时候,要考虑到相关部门和利害关系者们,要让成果均匀地呈现出来。

乐天玛特超市实行"最低价10倍赔偿制"的第一个目的,就是让员工改变意识,要让大家明白"我们现在还没有具备作为大型超市的基本条件,如果想在竞争中生存下来就要变化"。可以预计到我们要承担的风险会非常庞大,但这也是为了达到更大的目标而要做的事情。我们也预测到,肯定会有反对、不满,甚至混乱。即使考虑到所有因素,也难免会发生意外事件。比如,为了控制重大损失,我们对"最低价10倍赔偿制"的品类做了精细的规划,但还是会在意想不到的品类上出现严重损失,顾客的反应高于我们的预想。

这次改变的结果,就只是改变了员工的想法而已吗?就只是虚心接受不好的顾客评价后改变的契机而已吗?不是。我们通过这个活动得到了更大的收获。第一,改变了员工的观点。第二,顾客的观点有了变化。第三,竞争企业开始注意到了乐天玛特超市。第四,媒体的观点也有了变化。

有句话叫"一石二鸟",但有时改革能"一石三鸟""一石四鸟"。

我在认识到乐天利的主客户群是儿童和10多岁的青少年后,为了把客户群扩大到成人,为此做了很多投资。新品研究室里的人员为了开发符合韩国成人口味的汉堡而竭尽全力;营销团队为了想出符合韩国国情的推广方案,每天开会东奔西走;加盟店主和店长们为了提供更高水平的服务,每天都很努力地在学习;为了促销品能够跟竞争企业有差异,营销团队还特地飞往中国找工厂……每个人都忙得像陀螺一样,为自己的任务而竭尽全力。终于,乐天利做到了在新品、广告、全国加盟店数、销售业绩、顾客满意度各方面,排行第一。乐天利起初的目标只是为了做跟竞争企业有差异化的产品,开发符合韩国成人口味的汉堡。但是,我们没有止步于开发新品,而是所有部门共同协作努力,得到了业界的认可。这时,经营者所能感受到的喜悦和成就是无法言喻的。

如果能预测结果，执行就不要犹豫

经营者要培养事先预测的能力。"在计划的事情、在推进的事情、在实行的事情,会在哪里遇到难处、在哪个地方发生问题、最后要做到哪种程度",都要做到心里有数。但事实上,即使事先一再检验,也会跟预测有所偏差。

所以,要有方案以防偏差和意外的出现。这些方案大部分可通过实际工作负责人来制定,经营者在做计划和战略的时候,要细心听取他们意见的原因也在于此。他们的话中有很多重要的信息,因为他们讲的是经营者们容易缺漏的东西。方案可以通过他们来准备,这样一来,经营者未能预测的问题也可以迅速拿出对策。听取他们的意见再准备好方案,对经营者来说,可能得到比预计更好的成果。

生意就像在短期利益和长期利益间走钢丝,经营者要很好地去把握两者之间的尺度,是非常难的事情。一个领导的选择和决策可以决定员工、股东,甚至一家公司的命运。经营者对长远利益的判断力是通过自己置身行业的经验和深入的观察培养出来的。

经营者还要考虑人和人的利害关系,虽然有时候是为了给所有人带来利益而做出的决定,但也有可能会引起某一方的不满。当然,100％的满意度是不存在的,有70％、80％也是非常好的结果了。

看得长远,就能看到更大更多的东西。经营者需要持之以恒,用长远的眼光看更长远的未来。所以,有时候,等待也是一种智慧。

均匀的成果

独自向目标奔跑不等于经营得好，左思右顾也可能会失去目标。在规划蓝图、调整战略的过程中，经营者要缜密思考哪些是自己能控制的，在这之后再去实行和推进。对于自己不能控制的领域，经营者也要进行了解和适当调节，不能说是因为不能控制就不闻不问，这对于经营者是说不过去的。比如，营销活动需要很多资金，那经营者就要知道需要多少资金，根据投资金额会有多少成果，这样才能说服相关利益者们。同时，经营者也要做让各部门负责人认知这些的准备，还要考虑到跟公共机关合作的注意事项。经营者不能只考虑一点，而是两点、三点、四点都要考虑在内。

员工可能只看到产品开发方面，或者只看到营销方面，但是作为经营者，要懂得看全局。经营者在规划实行的阶段，要懂得看各个方面，预测成果时也需要有预见多数效果的智慧。

经营者虽然没办法盯每棵树来看，但是应该看到树林。树林里有大树和小树，有苗壮成长的树木，也有快要倒下的树。虽然不能看每棵树，但是可以通过看着树林来诊断问题。经营没办法做到100％满意，要懂得看整体，让整体有利益即可。因为经营者要承担所有的责任，所以尽可能要做到小的投资、大的成就，需要考虑各种情况再行动，不能只凭感觉行事。

如何成为优秀的领导

领导要用结果说话。 只有这样, 说话才有力度,
才能说服公司的各个负责人。

当权责明确时要发挥强势的领导力

作为经营者,我在乐天利工作了 5 年,在乐天玛特超市工作了 4 年,然后在乐天百货工作了 5 年,合起来有 14 年的时间。去乐天利是在亚洲金融危机过后,整体经济情况处于萎缩的状态下;去乐天玛特超市是在它成立后的第 6 年,准备第二次腾飞的时候;去乐天百货就像是 10 年后再次回到娘家,为了使百货商店再上一层楼而努力。这些年,我也一直在时代的变迁和企业的发展方向等问题上思考并努力着。

"这些人是乐天玛特超市的员工吗?"

到乐天玛特超市工作后,和负责人开了几次会,我便有了这样的疑问。

1998 年 4 月,乐天玛特超市在江边开了第一家店,担任超市经理的是创业初期从竞争企业挖来的常务理事,最高决策人是乐天百货的执行总裁。主要负责人中,35％左右曾是乐天百货的员工,剩下的 65％中一半来自竞争企业,还有一半是在各个零售行业中有着 10 年以上工作经验的人。6 年时间,乐天玛特超市在全国已经运营了 20 余家店。但是在要追赶领头的企业还很吃力的情况下,这些员工却故步自封。他们都是在零售行业摸爬滚打的人,所以自我主见都很强。

乐天玛特最大的问题是没有强势的领导力,它是由乐天百货的执行总裁兼管负责,所以执行总裁的工作还是以企业的百货店为主;而超市的负责人虽然负责过百货店和超市业务,是个老手,但因来自竞争公司,在企业经常被排挤。于是,大家就像没有指挥官的军队,没有秩序,没有体系,乱成一团。

平价超市不能简单地满足于进入市场,当时正是沃尔玛、家乐福等大规模进入韩国市场的时期,在这样的市场变化中,站在超市的立场考虑,是需要对超市进行单独性投资管理的。因此,超市不能在百货店的附属状态下经营,而要独立经营。如果超市的人事、资金管理最终均由百货店的执行总裁审批,那么超市是无法发展的。最终,乐天玛特超市请求将百货店的经营和超市的经营分开,而我就成了乐天玛特超市的第一任执行总裁。

要有成果,能力才会被认可

要想公司经营得好,执行总裁要拥有完整的权力。财政审批权和人事审批权都要到位,才能带领好组织。要让员工知道执行总裁是有权力的人,经营才能更顺利。

LG经济研究院对全球企业首席执行官(CEO)的任职期做了个分析,经营者中20％的人3年不到就卸任了。经营者的位置是经过长时间的力量角逐和成果考证确定的,是激烈的竞争中生存下来的高级人才的梦想。但成为经营者并不是最高的成就,而是要在那个位置上创造优秀的成果。经营者要用成果来说话,只有这样说话才有力度,才能说服公司的各个利益相关者。

即使经营者发表了5年、10年的愿景分析,详细地把各个阶段具体的实行计划制订出来,但是如果没有突出的成果或者业绩平平的话,这些很有可能会成为经营者空喊的口号。为了实现经营者绘制的蓝图,需要更多的投资,费用支出也会增加,甚至会有负增长的问题。在实现长期美好蓝图前,无论什么情况,重要的是要努力做好每年的业绩。只有这样,才能被认为经营者所绘制的蓝图是好的。

不管是接管哪种类型的企业,如果经营者对保持组织成长没有信心,那就很难在位置上撑下去。有些经营者只懂得开头,然后发现承担不下去,就转给了管理能力更好的经营者,新任经营者就要先从收拾前任留下的残局开始整顿组织。

经营者的能力和素质不会有太大的差异,因为经营者的能力通过不同的途径已经获得了验证,在职期间所做出的事情也会通过成果来得到评价。根据企业所处的环境,当需要变化和改革时,经营者就要有很强的促进力;当需要稳定持续发展时,经营者就要有随和的领袖风范。

在经营中没有正确答案,不管什么情况,发挥自己能力提升企业竞争力是经营者的责任。就我而言,比起细心的管理,我更多的是制订计划,做新的尝试,可能这种倾向会让员工有各种负担。

一年 12 个月里,不管做什么事情,不论是可以掌控的,还是无法掌控的,经营者都需要尽最大的努力获取最好的成果。在这过程中会有很多的痛苦和挫败,但是作为经营者,心中要时刻铭记做出最好成绩的初衷。

要灵活运用经验,但不能过于贪婪

"经营者如同行驶在茫茫大海中的'船长'。船长要懂观星、看水流,经营者则要了解市场、技术、社会、资本、组织和员工。"

以下是在美国和欧洲都很有名的日本人本主义经营学者伊丹敬之教授的《优秀经营者的形象》一书中对经营者的定义:"通过把经营者的作用比作船长的字里行间,可以真切地体会到船长的心态和行为与经营者心理行为的相似之处。经营从企业所有人分离出来后,CEO 是指代替企业所有人来支配企业和经营管理的人。"

我经历了从一般的员工到管理层、再到董事的升迁过程,担任过百货店的企划、商品开发、蚕室项目店长、永登浦店长、销售总监等各种职位,在一个部门一般工作 3~5 年。这段时间里,我掌握了各个部门的特性,学到的经验深刻地留在了我的脑海里,铭记于心。我在乐天利担任执行总裁的时候,就已经养成做笔记的习惯,平均每个月能记录一两本,后来在工作中整理出来的笔记有 200 多本。我并非单纯地记录日程,每当有什么主意,或是从其他人那儿听到什么名言,在书里发现的好文章,又或是一定要实践、想要实践的规划,这些内容都会记录到笔记里并且经常翻看。因为上面有标记时间,就能回忆起当时的想法、遇到了谁获得的灵感、写上去却还没能实施的事情等。

以下事情就是我当店长时候想做,却留到了当执行总裁时才来实现的——

在儿童节或圣诞节的时候,给员工们准备礼物。这些礼物是给直营店的员工和商场员工的孩子们的,但是直营店的员工未婚的比较多,商场同事们已婚的比较多。每年准备礼物的预算都是单独划定,给直营店员工和商场同事的礼物也不同。直营店员工是领百货店的工资,商场同事虽然在百货店工作,但是他们是领合作商的工资,所以给他们准备礼物已经是很大的照顾。但他们都是在同一时间、同一地点工作的员工,如果直营店员工和商场同事的礼物不同,是不是有些不好?他们可能觉得不是百货店的员工,所以礼物不同是理所当然,但内心或许还是会感觉到这种差别对待。特别是直营店员工大多未婚,礼物大部分会送给外甥、外甥女;商场同事几乎都是已婚,对礼物则会非常敏感。所以,我就想,要送就送一样的。在不打算增加预算的前提下,那就要把直营店员工的礼物价格稍微调低,把商场同事的礼物价格稍微调高。但是,在我还是店长的时候,是没有这样的决定权的。

当执行总裁后的一个儿童节,我突然想起了当时那件事。首先,这需要员工们的同意,我叫来企业工会的员工问了他们的意见。因为对直营店员工来说,要收到比以前价格低的礼物,需要了解他们持有什么样的想法。感到欣慰的是,他们理解我的意思,并同意我的做法。商场同事非常感激直营店员工的心意,以此为契机,他们之间的关系变得更加深厚。虽然不同所属,但有了同一地方工作的团队意识,这让他们也多了几分欣慰。我想这也是顾客服务能提高的一方面原因。虽然不同所属,但是在同一个地方为同样的顾客服务,这一小小的福利创造出了积极的成果。

笔记记录的内容是我人生留下的痕迹,随着时间的推移变成了我的历史。笔记也是再创作的重要工具,有时即使记录了100条,也不会每条都变为好的想法。但是哪怕其中之一能够运用起来,那这些笔记就充分体现了它的价值。

小说《商道》讲的是朝鲜王朝时在義州的一位巨商林尚沃的事迹,书中出现了叫"戒盈杯"的杯器,有"警戒过满溢出"的意思。杯里有个孔,当注满杯子超过70%时,酒就会自然流出来。"戒盈杯"告诫人们要警惕过多的欲望,若执着于70%以上的欲望,反而会失去所有的东西。

从事经营以后,我所学到的与以前无法相比,经历的宽度和深度都有了很大的不同。特别是棘手问题要当机立断,"我做的决定将会带来什么样的结果"或者"我做了这样的决定会给员工带来什么麻烦"等问题会反复在我脑中萦绕。

虽说最终决策者的想法和判断是非常重要的,但是要想和组织内外各种利害关系的人的想法保持一致,可不是一件容易的事情。作为经营者要懂得站在员工的立场考虑,要预想股东们的想法,还要考虑会不会发生和我们的计划不同的问题,并且要克服每个过程可能遇到的困难,进而达到大家想要的成果。

通过责任感进行说服,从而获得共鸣

每个经营者的优点各有不同。有的经营者爆发力很好,头脑转动得快,所以能迅速把握股东及其利害关系,解决员工需要解决的事情。我的爆发力不好,但靠可实行的想法和推进力以及责任心,克服了没有爆发力的弱点。经营者的爆发力固然重要,但更重要的是懂得看宏观、慎重判断,把坚定的意志变为行动。

"公司总要有个人负责,那就是要有经营者的原因。"这是彼得·德鲁克说的话。这说明对经营者来说,责任感非常重要。作为经营者要对自己持有的想法和判断带着自信心和责任感,努力去说服组织内外的利害关系者。

人们的想法也常常有可能不一致。所有人带着同样的想法做事,本身就是不可能的事情,根据自己的立场和情况持有各自的想法是必然的。这种时候,就需要合理的理由说服他们为什么要做,怎样做效果才可能最好,要做到通过说服达到共鸣。如果得到全体员工的支持当然是最好不过,但即使没有全票支持,也需要得到大部分利害关系者的共鸣。因为这是大家的共同目标,所以用确切的规划来说服他们,就更容易得到共鸣和支持。成果能用肉眼看得到,经营者本身也要有自信,那说服就会变得更加有希望。

叶公问政,子曰:"近者悦,远者来。"难道这句话只适用在问政么?我想,只要有人共事的地方,这一句话都适用。经营也是如此,要做周边的人都觉得开心快乐的事情,才能吸引远方的客人。共事的人先开心满足,才能使其他人也得到满足。

当经营者之前,我做过基层、中层、高管,经历过无数事情,这些经历都让我觉得"这样做公司可能会变得更好",这些想法我都会逐个整理记录。也常常会想,当我在可以对此做决定的位置上时,尝试这些想法会是怎样。相信现在在组织里工作的很多人也会有这样的想法,"如果要我来做经营""如果我是老板""如果我是部门负责人",这种瞬间肯定有过。

当了经营者后,我随时翻看以前的笔记,也花了很多时间去思考员工的立场和难处,去了解员工的想法,跟员工一起探讨公司的优缺点,思考对于优点的强化方式和改善之处,分享各种各样的意见,有共鸣之处就努力执行。但这不代表要迎合单个员工的意愿,即使迎合了,这也不代表我们成就了所有人都满足的组织。可以满足所有人的想法反而会成为傲慢,只能说是竭尽全力去做一个让更多的人满意的组织。

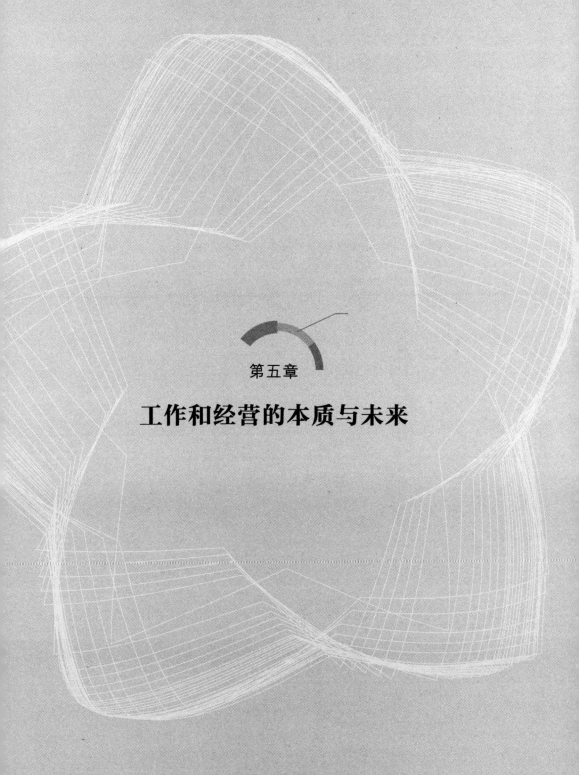

第五章

工作和经营的本质与未来

以长子的心态发挥领导力

今日走过的脚印，必定成为给后来者指引方向的路标。

先驱者的作用

在一个家庭，有着与父母一样重要作用的就是长子。当今韩国社会的家庭，通常都有1~2个孩子。现在的父母对孩子只是单纯地在年龄上做区分，并没有像以前的旧时家庭那样，在长子身上施加家庭角色中的艰巨责任。回顾我的童年，兄弟姐妹较多的大家庭中，不论好事还是坏事、被夸赞还是被批评、在家还是在外，总是大哥身先士卒。我的父亲曾在东大门卖干鱼补贴家用，其实父亲在他的兄弟姐妹中排行最小，从小照顾着上面的哥哥，家里的事情、亲戚们的大事小事、生活较清贫的侄子侄女们的学费，都由他资助。也许是因为受父亲的影响，我心目中的领导形象就像父亲那样。

　　踏雪野中去，不须胡乱行。

　　今日我行迹，遂作后人程。

　　这首诗最早由高僧西山大师写下，后被金九老师的《白凡逸志》①引用，久世闻名。金九先生曾经为韩国临时政府工作，每天至少读3遍该诗。

　　我也很喜欢这首诗。当我一字一句抄写时，它的意义更加渗透到我的内心。今日走过的脚印，必定成为给后来者指引方向的路标。但是，如果先行者的脚步没找好重心，那么后来者必然会迷失彷徨，这是一首要求组织的引领者思考该怎样行动的诗歌。

　　一个家庭中长子的一言一行会给弟弟妹妹带来很大的影响，因此长子要以身作则，要成为他们的榜样，责任重大。在一家企业，经营者就要有长子的风范，所有人都仰望着他。因此，长子不能以自己的优势去强行要求晚辈的绝对服从，更不应滥用职权。想要成为长子要具备实力，而且要具备被人敬重的人品，要有以身作则的姿态。

真正的长子应有责任心，是模范

　　业界的领头企业也是同样的道理。百货商场犹如零售行业盛开的花朵，是最接近消费者的环节。乐天百货在零售行业担负着长子的角色，不仅仅因

---

　　① 《白凡逸志》的作者金九（1876—1949年）是韩国开国元勋，本书是他的自传，金九用他亲身的经历，描述了韩国人民在反对日本殖民统治、争取民族独立的斗争中，韩中两国人民相互理解、相互支持的真实情感。——编者注

为它的业绩第一,更是因为这是它的核心竞争力。比起其他品牌,它的媒体曝光率与舆论压力也相当大。乐天百货长期在百货业界守着领先地位,成为万人瞩目的焦点。但我们不能因为得了第一就骄傲自满,因为不论是在同行业,还是在政府或舆论界,包括顾客在内,都在关注着这个第一名。第一名在小失误或负面事件面前容易成为世人指责的对象,也是最早、最大程度地要迎接暴风雨的。零售事业的发展要依靠消费者,最受消费者欢迎会带来很大的成就感,反之也容易成为公众批判的焦点。所以,成为业界第一很难,但更难的是保持这种地位和业绩,因为不论好事或坏事,你永远都是公众谈论的焦点。

长子很多时候是心力交瘁的。就像一直以来,成绩不好的那个人,哪一天有了小进步,很容易被身边的人夸赞;反之,一直以来很优秀的人,忽然有一天犯了小错误,则要面对严厉的批评。长子一定得是业界的模范,而且要虚心地承受各种指责,还要有领头解决问题的担当,因此长子的责任很重。

乐天百货为什么能成为国内业界第一呢?是什么让乐天百货稳居第一?不是靠单纯的购物环境,而是靠求新的购物文化和致力于打造全家人能够共同娱乐的场所的信念,并以持续的热情致力于实现这个梦想。自从乐天百货在小公洞建立总部以来,35 年保持着国内最高和最大规模百货的美誉,甚至出现了一种现象——乐天百货店的搬迁会带动零售百货商店集体搬迁。但是,做得再好也不可能是完美的,不要以为现在是业界第一了以后也一直会是。而且不能仅仅满足于国内第一,乐天百货要走出亚洲,要走向世界,让全世界都知道乐天百货,这就是长子的使命。

多年经营之路上,我树立的信念当中最想列举的就是"长子经营"。因为在自己的成长历程中,亲身经历过长子是如何影响着一个家庭的命运。

诚信的企业必定会受爱戴

在乐天利担任执行总裁时,我对"企业的诚信"有了一次深刻的思考。

乐天利的烤肉汉堡一直都是乐天最热卖的商品。因平均每0.5秒销售一个汉堡,因此有了"0.5秒汉堡"的绰号。烤肉汉堡不仅在乐天利,在国外品牌和快餐领域都是最热销的产品。但可惜的是烤肉汉堡不能注册商标,所以谁都可以做。起初乐天利售卖烤肉汉堡时,并没考虑到这一点。竞争品牌也上市了烤肉汉堡,也很受欢迎。

事故发生了!竞争公司以猪肉代替牛肉做烤肉汉堡的事情被曝光,舆论对此事大加贬责,一时间闹得沸沸扬扬。对于韩国人来说,烤肉就是牛肉,这是被公众默认的定律。不容置疑的是,竞争公司忽略了这一点,最终相关企业有了挂羊头卖狗肉的嫌疑。那次事件涉及的竞争公司也公开道了歉,但这起事故给整个业界带来了很大的负面影响,乐天利也未能逃过这一劫。1998年,是韩国遭遇亚洲金融危机而导致消费能力急剧下降的时候,这一起事件对快餐界无疑是火上浇油。虽然乐天利从始至终都未曾欺瞒过消费者,但为了重新获得顾客的信任,也不得不努力做宣传扭转局面。这起事件让所有人更加认识到了一点,企业违背职业操守的行为,不仅会毁损企业的自身形象、生意,也会让整个行业陷入困境。

企业的诚信不仅仅指财务结构的透明度,还涵盖了企业的一切业务。所有业务的运转都要一贯秉持诚信守法原则,无愧于社会和客户,通过正当的途径获取利润。

正道经营指经营者必须专注于企业的经营,不能为经营以外的事情而分神分心。做到正道经营的企业会有积极的企业文化,企业的员工也会自然秉持积极的态度对待工作。

新的企业诞生的同时,也会不断有消亡的企业,资本主义进程较短的韩国更是如此。长期的政治动荡使得企业的成长道路更加艰难,而政策的频繁改变,更是不得不让企业时时提高警惕。有些企业急于求成,误解了资本的历程,不法、不实经营而导致企业瞬间破产的案例屡见不鲜。为了超越其他企业,在特定时期选择妥协也许未必是件坏事,但是那样的结果很容易让企业失去最初的目标,最后将会面对更大的困难。不论政策怎样,不论创立者还是经营者,包括员工在内,都要秉持正道经营的精神与姿态。

一心一意致力于经营

"您的职业生涯是怎样的?"

"您能分享一下您的经营哲学吗?"

诸如此类的问题不仅内部员工,在外演讲中我也经常会被问到。

从干部到董事,最后到最高经营者,长期置身职场生活的我,这几十年来,从早到晚脑子里总想着这样的问题——"我能为公司做些什么","怎样才能将公司经营得更好"。

人的一生为了生存而工作,在工作中展现自我,也在工作中实践几十年来在学校学到的知识,从而在工作中成长。

40多年来的职场生活,作为公司管理者、经营者的我,时时刻刻都在思考着企业的经营之道与企业在社会中的角色。

企业存在的首要原因是利益。就像人为了活动需要吃东西一样，首先满足吃的需求，有了保障和条件后，再买新衣服、买大房子。经营企业也一样，有了利润，就能扩大团队，就能对社会做贡献。人生存不完全是为了吃饱，企业也同样有除了利益以外的目标。

目前，道德、伦理成了新的衡量企业价值的标准。人不能为了吃饱去偷盗，企业也不能为了盈利而以不正当的手段谋取利益，破坏社会秩序，这样必将得到法律的制裁。今日，人们所期待的企业的角色也在发生变化，企业要有新的社会使命感，随之经营者的责任与义务也越来越重。过去的生活图吃饱穿暖，但如今的生活是追求身体与精神上更高境界的满足。在这样的社会发展背景下，企业也有了新的使命，即不以利益为唯一目标，要有社会责任感，为更多的人提供丰裕物质的使命感。

企业为求稳定发展可以选择前人走过的道路，或选择为自己开辟新的市场，这都是为了要在激烈的竞争中存活下来。一些走向衰亡的企业曾在无硝烟的战争中选择了不正当的违法行为，最终面临被社会淘汰的惨败下场。只求捷径、拔苗助长的企业，最后免不了被大风大浪吞袭。在任何情况下都坚持正道、不断在经营中实践正道经营的企业，无论在何种狂风暴雨中，都依然能够泰然自若。

彼得·德鲁克在《管理的实践》一书中提到，"经营是为了组织而存在，并为其工作和行动"。企业不是为经营者或创业者服务，而是为与企业有着利害关系的对象服务，最重要的是为顾客而合理运转所有员工。

这就是"正确的经营"，即"正道经营"。在正道经营的企业环境下，企业的所有员工和顾客及他们身边的人都会幸福。坚持原则并符合社会价值观的事业,能让顾客通过企业的产品得到满足。企业通过正道经营获得利益,并利用该利益使企业壮大,为企业的成员提供有保障的生活,同时也能为社会做出贡献。

服务经营、终端经营、人文经营的价值

现场发生的一切问题的答案，都在现场。

企业存在的意义

"您为了谁而工作？"

"企业为了谁而存在？"

在为大学生们演讲时，学生偶尔会有这样的提问，我首先会反问提问的学生，有不少回答如下——"当然为了自己，我想在工作中成长和获得成功"，"企业是社会中不可缺少的一部分，有了企业才能实现经济发展，有了企业才有了就业，有了企业才能生产出更多的人需要的产品"。学生的回答是对的，人才创造企业，企业培养人才，企业和人才共同为社会做贡献。但我们有必要深刻地思考一下，为什么会有企业？为什么社会需要企业？

企业是什么？词典对它的解释是，以"盈利"为目的，运用各种生产要素向

152

市场提供商品或服务,实行自主经营、自负盈亏、独立核算的,具有法人资格的社会经济组织。那么"盈利"是什么? 策划财产上的利益。所以,企业的一切经营活动都以盈利为目的。但是企业存在的意义仅仅是为了利益吗? 生意最核心的目标只有利益吗? 西奥多·莱维特(Theodore Levitt)教授的《营销短视症》(*Marketing Myopia*)一文中就有不同的观点。如果生意的动机仅仅是创造利益,就如同"人生的目标是吃饱"一样的浅薄。吃的意义在于维持生命,生命的延续是为了实现人生的目标。因此,企业盈利是实现企业目标的必要条件与要素,如果企业没有认识到这一点,它也只不过是得了短视症、道德肤浅、战略方向错误的企业。

以自己姓名为品牌的松下电器创始人松下幸之助,也有着西奥多·莱维特教授相同的观点。松下幸之助在日本被称为"经营之父",也是最受敬重与有影响力的人物之一。如今,他生前留下来的经营哲学仍然影响着当今的企业经营者与职场人士们的思想。他曾强调,企业要以为社会做贡献为目标。

那么经营最核心的价值是什么呢? 当然是"顾客"。如果没有顾客,再好的商品和服务都是没有意义的,因此企业的经营活动要以顾客为核心,不论经营者还是员工都要一心向着顾客。

答案就在现场

特别在服务行业里,顾客的需求不仅仅局限于商品本身,还应考虑购买行为的过程。现在,"顾客体验管理"(CEM,customer experience management)成了企业新兴的名词,不断有企业致力于为顾客提供不一样的体验,以此来提高顾客回头率。那么,企业要以什么样的姿态获得顾客满意与感动呢?

第一,服务精神。"服务经营"里的"服务"不单单指晚辈伺候长辈的行为,不是指服务员要在顾客视线下方躬身服务。要记住,有时过分抬高顾客的行为会适得其反。真正的服务要做到,团队的所有人拥有一致的尊敬顾客的心态。

企业对待员工,应让他们感觉到企业的尊重与关爱。接洽供应商,应避免仅限工作上的合作,不应该是冰冷的甲乙双方的合同关系。有时也有必要倾听供应商的难处,展现共同发展、相互扶持的姿态。

第二,重视终端。终端经营,顾名思义,指产出商品的地方,在服务行业指面对顾客的地方。经营者应真实了解现场的声音,生意在现场实现,因此经营者要经常巡视店铺,这也意味着经营者要在消费者的立场上体验顾客所感受的服务,也意味着需要倾听一线工作者的真实想法。

我每次巡视店铺时,或者在员工餐厅用餐时,都能听到这样的窃窃私语,"董事长又来了""老总怎么这么频繁地来员工餐厅啊""估计也就这几天而已,以后应该不会来了"。但是长期不间断的每周两三次定期巡店后,就开始有员工们热情地打招呼,以前故意躲到远处的员工开始上前和我聊天了,合作公司的员工也不会对我视而不见了。当然我去员工餐厅的次数并不那么多,但偶尔与员工用餐时,总能获得意外的信息,听到有趣的事情。

但是,假如提前说"明天上午想去巡店",那现场会是怎样的状态?很快巡店的消息就会传开,员工开始高度紧张,而不是平日的工作状态,会努力刻意地表现给老总看。我的巡店目的只是想了解和体验一下店铺的真实氛围、员工的工作状态、某个项目的进展情况等等。经营者的任务之一,就是亲自体验现场真实的氛围。

如果老总每次巡店都只是指责批评，那么员工就会畏缩，当问题发生时，就可能不敢勇于处理了。因此，经营者要营造让员工自由发表对制度等方面建议的氛围。经常巡访现场、与员工共同进餐、访问合作公司、与骨干人员交流，这些在"终端经营"中，都是非常重要的环节。

先理解原因才能得到正确的对策

百货商店经常在节假日期间因促销活动而推迟下班，这时员工都不得不加班加点地完成工作。假如有交接班的员工，则会相对轻松一些，但合作公司的员工因人力资源的缺乏经营没有交接班。特别是活动期间，因客流量多，员工几乎没有时间去餐厅用餐，因此我们为他们准备了简单的消夜。但是日积月累，员工的更衣柜里因堆积了长时间的食物垃圾而导致发霉或者食物直接浪费掉的情况增多。我的童年时期，经历过吃不饱、穿不暖的艰苦生活，食物的浪费很是让我无法接受。越是忙的时候，就更应该为了保持体力而补充营养，但结果食物被白白浪费，这肯定有它的理由。我们分析后才发现：第一，员工根本没有时间去餐厅用餐，提供的消夜被放置，一忙就忘记了吃。第二，每次提供的消夜都一样，员工吃腻了。员工希望即便是消夜，也要改变一下花样，希望是像样的一顿饭。后来我们改善了晚餐的供应，即使是忙的时候，也能让员工享受到像样的一顿饭，菜式也变化着花样尽量做得丰富些。最后，食物被浪费的现象越来越少了。

领导者应该正确对待和理解现场反馈的问题，不应只看表面。为了得到解决对策,应该先要了解人们的需求,因为现场发生的任何一个问题都有它的起因。如果没有正确理解原因,只看到表面现象便去强求对策,只能是权宜之计。

要知道,现场发生的问题,就只能在现场找答案。在现场工作的员工们,有着你想象不到的创意和想法,如果正确理解并能如实反映他们的想法,那产生的效益是不可估量的。

终端经营,首先需要制度的变化和领导者的以身作则,并要以行动表现出对现场的关心。制度再好,领导不以身作则,组织也很难跟着改变;同样,不具备完善体系的企业,领导一个人再努力也无济于事。关键在于,领导要把沟通的管道铺盖的范围扩大到组织的方方面面,这样才能顺利地将任何创意之举传播到组织的各个角落。另外,将权限委任给现场管理者也是非常有必要的。

最高领导者倾听现场的声音,现场的领导者正确地运用被委任的权限,这样才是真正的以现场为中心的经营。

自我激励

经营一个组织的过程中,体系和人哪个比较重要呢?在经营者的立场上,两者都很重要,因为没有完善体系的组织很难使每位成员目标与方向一致,而只有体系没有组织则更难实现企业的目标。

任何一个组织当中都会有拔尖人才,但给予这些人才优越的发挥平台和环境是经营者的责任。那么经营者应该做什么?

第一,让员工看到前景。共同创建体系并发展组织的过程中,没有什么比获得晋升更具诱惑力。前景可以是企业未来发展的前景,也可以是个人职业发展的前景。吉姆·柯林斯(Jim Collins)在《基业长青》中提到,实现伟大企业的过程中做出贡献的人们,往往期待的是从事比获得金钱更有价值的工作。所以,抓住人们想要从事有意义、有价值的工作的心理,你就不用再绞尽脑汁去想"怎样激励员工"这样的问题了。因为,当人们意识到自己的工作是有意义的时候,就不再需要外部的激励了。

领导要做的就是规划蓝图,并将前景展现给每个人,让每位员工从中获得激励。实现收益并不一定完全需要远景,即使没有远景也能做到这一点,但是当要实现比收益更高境界的目标时,则需要远景。伟大企业的核心领导者们应为企业树立明确的发展前景,并坚定地付诸实践。

工作的意义不仅仅在于拿工资那么简单,更在于能力和潜力的发挥。在组织里,努力学习,发挥潜力,让自己成长,同时付出的努力得到报酬,实现了生活质量的提升。当这些期望被企业一一满足时,员工的能力也将被无限挖掘并发挥出来。企业在发展和壮大时实现了再生产,员工也可在其中尽情地发挥自身的能力,并能实现自我发展。

第二,经营者要精于人事组织管理,雇佣有能力的人才,培训并激励他们。

经营者应使员工能为企业工作而引以为豪。这通过他们的表情就能察觉出来,观察他们是否对自己是该企业的员工而自豪,还是迫于无奈下而不得不工作的心理。

对自己岗位的使命感与自信,是能通过心态散发出来的。有这种心态的员工,仅从面目表情就能体现出来。如果员工对工作是积极肯定的心态,那么他将能从事更有意义的事情,并将获得更好的机遇,这种积极的能量是可以通过行动和表情散发出来的。

信赖是成功的第一步

国家的总统若能得到国民的信赖,他的执政生涯就会容易得多。其实企业也是如此,员工与企业之间若有着共同成长和发展的信念,那么任何困难都不会阻碍他们的发展道路,彼此之间的信赖是能让企业和经营者百战百胜的武器。

作为企业经营者,我在上任初期也经历过孤军奋战的艰苦时期,提出公司发展战略这些重要课题时,有些员工根本不理睬,从与他们的眼神交流中就能了解到"他不信任我,他在考验我到底能否胜任经营者的职位"。直到完全获得信赖前,他们都是小心谨慎的旁观者。但真诚是打开人们心灵的万能钥匙,经营者要早日获得员工的信任,必须在任何时期和任何情况下,都表现出真诚和以身作则的态度。

人事组织的管理,是左右经营者成败的关键。因为人事组织就是指人,组织是由人组成的团队。经营者若想做好经营,组织内必须要有能理解经营者想法和信赖他的人,他们的表现最终关系着经营的成败。那么,怎样才能让他们发挥更大的效益呢?前面已经讲到了要给予激励。其次,需要的就是经营者的完全信任。当员工表现出对经营者的完全信任时,经营者能得到极大的鼓舞和动力,将达到事半功倍的效果。

表现信任的方式有权力与责任的分配。权力的分配,即授权,将上司的权力分配给下属,使下属的能力得以最大化发挥。责任的分配,即将权力与权限分配给下属的同时,也让下属分担相应的责任。通过这种方式,不仅能培育下属的能力,也能实现上司权力的提升。

根据不同的领导人权力与责任的分配,得出的结果各不相同,因此很难断定哪一个更好、更有利。

最早提出授权这一术语的是彼得·德鲁克。他的解释是,授权并不是将自己负责的项目分给下属。时间的浪费是因为把时间浪费在不该做的事情上,把一些他人能完成的工作通过授权分配给下属,使自己能够更加集中在经营策略和重要决策上。因此,对经营者来说,为了更高效地完成组织的任务和目标,权力和责任的分配是最佳的方法。

潜力的发挥

除了非常重要的事情外,一般情况下,我都将决策权授予各部门的领导者。经营者不可能做到每件事都亲自进行决策,不过我发现,当下级被授权完成某项任务时,他们会表现出加倍的责任心与努力。授权并不是下级侵犯上级的权力和责任,相反,下级此时有着与上级相同的决策权,代表着上级的权力与责任的放大。

经营者的授权范围很关键,对于现场琐碎的事情,能让现场人员自行判断并决定时,那么应该果断、明确地将权限分配下去。但是现场人员很难参与的战略决策,就应该建立制度使组织有效运转。

经营者可以授权给各部门领导,各部门领导还可以授权给部门骨干人员,这样一层一层分配下去。刚开始授权给下属时,他们可能会感到不知所措和有压力,即使平时根据领导的指示能很好地完成工作的员工,也必然会慌乱。但是通过这种实践,下属在被授权的情况下能够更快、更有效地应对和处理各项事务,使工作效率加快、工作专业度提升。信任对方,并协助对方发挥潜力,就是彼得·德鲁克所指的权力与责任的分配。

说到经营者的地位和立场时,我经常提出"登山理论"。区别于学术界的解释,我自己的理解是,一座山有8个或9个山脊和顶峰。开始爬山时,为了小心脚下的路无暇顾及山的高度,只感觉顶峰遥不可及。当爬到第8个、第9个山脊时,坚持与努力的积累,会让你放眼去看山下的景色,最后爬到顶峰后,就能体会纵览天下的成就感。

在一个组织内的晋升,与通向成功的过程是相近的。翻过一个个山脊时,经历和体验各种艰辛与汗水,并为自己积累技术和智慧。当站到顶峰时,可以俯瞰山下的全景,更能看到在哪里能够休息一下、哪个环节会很辛苦、哪个环节要加倍小心。爬山并不能通过理论和知识去完成,经营也是如此,两者都需要一定经验的积累。

问题是必然会存在的,重要的是当问题出现时,经营者应与员工一同商议,并去改善。有了问题,才能积累经验,才会有发展。

在这里,我想说一说有关顾客的抱怨和忠诚度的问题。顾客在没有意识到问题时,会有10％的回头率;但是当意识到不满并向店员抱怨时,如果店员认真对待并给予及时妥当的处理,那么顾客将会有65％的回头率。

员工正确理解并关注顾客的不满和抱怨,让这样的员工成长为公司各组织的领导者,并持续去改善和解决顾客的不满事项,那么这家企业必将会成为成功的企业。但是,若对顾客提出的抱怨不予理睬或辩解,那么顾客与企业之间的不信任会加重,最终企业将失去顾客的爱戴,顾客也不会再光顾。

交流与互动再完美,也至少会有 5％～10％的不满。这种情况是乐观的,若没有任何不满,也暗示着这家企业正处于危机时刻。这世上没有一家企业是完全令人满意的,这种情况意味着没有人反映问题或者问题无法被反映上来。所以,经营者要不断努力地去倾听最前线员工的真实声音,积极主动地去打开员工的心,使他们愿意反映问题。

投资要看未来

企业的投资一定要有成果，成果必要超出投资本身的价值。

没有不图成果的投资

"利益"对企业经营很重要。随着企业规模的扩大，怎样赚钱固然重要，但是更能左右一家企业成败的关键，在于怎样花钱。

父母对子女的投资，是为了子女未来能自力更生，对子女的投资就是父母对子女无私的爱，因此这份投资是不求回报的。

但企业不同。企业的任何投资都要有成果，成果应超出投资本身的价值，看得到的利益与看不到的利益都要去考虑。

在对某个项目、某种条件、某个人进行投资时，经营者要考虑很多因素。不应该只想着"反正有多余的闲钱，多开个店铺挺好的"，"再办家工厂，产量就会提高,就能卖得更多","反正这么多利润,拿点儿补贴员工,买个人心吧",而是要考虑未来 5 年、10 年甚至更远的未来,这份投资能带来什么样的成果。

其他人都投资的项目我也要投,这种企业很容易使员工失去方向,会使企业的长期目标和定位出现混乱,员工也会开始对自己的人生目标感到怀疑或迷茫。因此,经营者在投资时,应考虑长远目标,并要分析成功要素与危险要素,并致力于打造企业与员工协同发展的环境。

投资不能单纯以金额大小来判断成果效益,而是要考虑怎样实现高效回报,大额投资更要慎重。企业在困难时期,更需要做相应的营销或促销活动使企业脱离困境,懂得花钱的企业才能得到更多的利益。

效率比投资金额更重要

亚洲金融危机期间,韩国国内的经济状况非常糟糕,快餐行业也迎来了历史最低谷。那时乐天利为了应对消费力低迷的市场,开发出了各种亲民的产品,比如,成人食量的大汉堡、大米汉堡、泡菜汉堡等五花八门的产品,备受消费者的欢迎。同时,同行竞争企业也争先开发出各种烤肉汉堡、排骨汉堡等产品来对抗,并进行人力宣传和推广。但是部分不道德的企业,以挂羊头卖狗肉的手段蒙骗消费者,以猪肉替代牛肉推出汉堡进行销售,直到被媒体曝光,一时间整个行业陷入了最艰难的境地,乐天利的汉堡销量也急剧下降。乐天利为了重新拾回消费者的信任,开始以"乐天利牛主题概念烤肉堡"来宣传乐天烤肉堡的原料一直都是牛肉,从未违背过职业道德。虽然这很滑稽,但是我们不得不对理所当然的事情进行大力宣传,最后乐天利恢复了从前的人气。

祸不单行,亚洲金融危机导致韩国国内出现大量的失业者,人们生活越来越艰苦,新闻不断报道日益增多的饥饿儿童的消息,这对做饮食生意的人来说,无疑留下了深深的伤痛。

无法想象未来国家的栋梁正在经受这样的煎熬,为此乐天利在全国范围内的400家店铺开展了扶贫募捐活动,每卖出1个汉堡就能为贫困儿童募捐20韩元。我们在店铺设立了"爱心面包募捐箱",呼吁顾客自发性捐款,活动很快得到了顾客们热烈的反响,父母牵着自己的子女,不断地往募捐箱放入硬币。看到这一幕幕场景,全国所有店铺的员工都感动得热泪盈眶。最早听到饥饿儿童报道后,我们最先想到的是为他们发放免费餐券的主意,但是怕触动了危难时期较敏感的人们的内心,最后决定将募捐款通过韩国的民间慈善机构转给教育部的方法进行公益慈善活动。出乎我们的预料,活动得到了社会广泛的关注与认同。过去我们国家在金融危机时,国民纷纷捐出家中的黄金,挽救了身陷危机的国家,这样的爱国精神备受世人赞扬。

之后的乐天利积极参与了殉职警察子女们的学费资助、抗灾救援等活动,从此乐天利成了韩国国民心中的爱心大使。

乐天利在韩国国内还相继开展了众多爱国营销活动。例如,为了促进国民爱国精神、提高人民士气进行的以"与太极旗奔跑"为宣传标语的爱国活动。同时乐天利也勇敢挑战国际企业,呼吁国民拥护本土企业和品牌。

乐天利还为即将晋级"1998年法国世界杯"16强的国家足球队举办了"祝愿16强胜利"的幸运庆典活动,并推出了球鞋、国家代表选手签字足球、红魔助威等产品,还组织球迷为国家代表写激励信。

运动选手要经历严酷的训练与惨痛的失败后才可能成为世界级水平的选手,经营活动也是花钱的实践与过程。

投资的时机

曾有一段时间,购买套餐赠送小玩具几乎成了快餐行业不变的模式,乐天利也不例外地展开了诸如此类的促销活动,赠品当然是儿童喜欢的玩具。当时很多竞争品牌都在搞这样的促销,孩子们就会要求父母带他们去吃汉堡,目的就是想要玩具。久而久之,孩子们开始互相对比不同品牌赠送的玩具,结果乐天利玩具的质量远远比不上麦当劳的。

麦当劳的玩具不仅仅在韩国作为促销赠品,而且在全世界范围内开展玩具赠品促销活动,可想而知,玩具订单量极大,全球统一生产。相比之下,乐天利的促销玩具仅仅是国内的量,不论在数量还是质量上都没有任何优势。想要高性价比就要有数量上的优势,我们几乎不可能超越有国际快餐霸主地位的麦当劳。但是我们也不能眼睁睁看着差距日益加大,看着自己的产品不被消费者认可。因此内部临时组建了小组,请相关负责人飞往中国与供应商进行协商,制作高质量的促销品。最后,成本价虽然没有比竞争品牌便宜,但是质量完全占据了优势,孩子们拿到乐天利的赠品,就会争先恐后地炫耀起自己的战利品,我们也重新获得了儿童们的欢迎和青睐。

这样的营销活动使得乐天利在困难时期也能持续不断地发展,加盟店越来越多,总部与加盟店之间的信赖越来越牢固,我们在营销上的投资为我们带来了更大、更有价值的利益。

通常,市场低迷时,企业的钱袋子也会收紧,这种低迷如果长时间持续,投资便会成为天方夜谭,钱包将久久地被锁在保险箱中。在危机时期,节俭经费能为企业带来转机,从体系中诊断出引起浪费的环节并将其根除,是非常重要的。但是,节俭活动会使员工的想法与行动被制约或畏缩,原本为企业渡过难关发起的节俭行动,如得不到员工的支持与参与,反而会使企业陷入更大的难关。

企业的浪费存在于体系的各个环节,不是浪费一张纸那么简单,而是很多的浪费因素经营者很难掌握。因此,我们可以借助员工的力量,识别出各环节出现的浪费,以员工提案的方式动员全员积极参与。因为很多浪费可能隐藏在一线,现场工作的员工既然能发现,就要相信他们同样能改善这些问题。

经济景气时慷慨解囊,不景气时勒紧裤腰带,这样的经营模式不仅难与本国企业竞争,更别说对抗国际企业了。不景气时,反而需要积极投资,准备迎接经济的恢复;景气时,反而需要节俭,为应对不景气而储备资金。亚洲金融危机时,很多企业都畏缩不前,一些企业反而积极进行投资,市场稍微回暖时,那些企业的投资为他们带来了非常大的收益。当然,乐天利就在其中。

坚持正道经营

长期被人爱戴的企业，都始终坚持以企业家精神为原动力。

忠于事业就是为国家和社会做贡献

"企业应以劳资合作为前提，生产优质产品并持续发展。忠于事业，才是精忠报国，才是为社会做贡献。"

乐天集团的辛格浩会长从创业初期到现在，一直坚持着"企业报国"的精神。

众多新兴企业创立后又倒闭，那么企业家应抱着怎样的心态呢？企业家是引领当前企业发展的，企业家又是创立企业的人。

韩国早期引入资本主义经济体系后，振兴民族经济的第一代企业家有：三星集团的李秉喆会长、现代集团的郑周永会长、LG集团的具仁会会长等等。

虽然他们已故,但在第一代企业家中乐天集团的辛会长还健在。

在乐天工作 37 年的我,一直跟随辛会长,对"创业家精神"思考过无数次,也被他深深地影响着,并以他为榜样学习着这种精神。

1941 年,韩国被日本侵占,辛会长在那时作为贫困学生赴日留学,期间经历了各种艰辛磨难。后来在一位日本企业家的资助下,首次创业,但因为战争的原因,未能成功。1945 年,韩国解放,但因为要还日本企业家的债务,他无法回国发展。在他毕业于早稻田大学化学系后,再一次创办了一家生产日用品的工厂,最后事业的成功让他偿还了所有的债务。之后他又开发了卖口香糖的新业务,也得到了很好的成功。1948 年,他以乐天公司正式开启了事业,此时也是韩国从殖民地时代解脱出来,经济慢慢开始发展的时期。

一直想要精忠报国的辛会长,长期以来思考着怎样为祖国做贡献,但在当时日韩还未建交的情况下,他很难从日本将资金带回祖国。1965 年,日韩正式建交,辛会长终于找到了合适的契机为祖国做投资,乐天集团也是在 1967 年真正进驻韩国的。

很多人误以为现在的大企业在初创时就有先天优势或强大的后盾,事实并非如此。

现代集团的郑会长最早开过一家米铺,这让他倾家荡产;三星集团的李会长虽然出生在富贵之家,但他的创业路却非常波折。他们最终能够成为远近闻名的企业家,是因为他们都有远大的梦想,拥有无畏的、想要实现梦想的、坚韧不拔的精神和热情,而且有一颗精忠报国的热忱之心。

因为他们亲身经历过日帝殖民时期的贫穷国家,明白那是多么可悲,对他们来说,创立企业不仅要让自己致富,也要使企业的员工和国家富起来。他们的创业精神不仅影响着企业员工，而且成为后生企业家们和想要创业的年轻人的榜样。

集中经营才是企业家的职责

建立企业和发展企业需要很多人的力量，他们都要秉承企业家的精神，目标一致才能使企业发展和壮大。有多少企业经历过辉煌后又悄无声息地消失在人们的记忆中，企业不仅要存活下来，而且要为国家经济的发展做出贡献，让国民的生活水平上升。通过企业的发展，让全世界认识我们的国家，这就是企业家精神。

辛会长以贫困的留学生的身份，在日本经受了巨大波折，并在异国他乡经历了事业的成败，他的一生如此波澜壮阔，他也更加懂得"企业兴则国家旺，国家旺则人民福"的道理。曾经，辛会长想要投资重化学工业，但过程并不如意，后来改投乐天食品业务，投资所得的利益基本都投入到了祖国的观光、科技、食品、零售等现代化建设的事业上。

辛会长作为韩国经济界排行靠前的乐天集团的创始人，很少出现在舆论界，不被大众熟知。他从来不讲虚礼、不搞形式化，朴素、低调、自我管理意识强，做事周密而慎重，对决定了的事情有着极强的执行力。他的观念是，"企业家要集中精力在自己的事业和经营之中"。

曾经在规划乐天商业区时，在瓷砖的采购上，辛会长强烈坚持选用意大利进口瓷砖。当时的每个人都在怀疑他的决定，因为在客流量如此大的地面用这么昂贵的瓷砖，且要从海外进口，万一有损坏或者要修补时会很麻烦。很多人反对,但辛会长没有丝毫的动摇。

"人类具有环境适应力,干净的环境能使人的心态端正。贵不代表不经济,它的使用寿命会更持久。百货商店是一个窥视国家经济状况的镜子,乐天百货应该是衡量我国经济发展水准的指标,百货商店要达到发达国家的水准。"后来客流不断的百货店完全验证了辛会长的判断。

1960年后期,早日脱离贫穷是当时韩国政府面临的首要任务,那时的人们也没有能力去享受丰裕的物质。在这种艰苦的大环境之下,辛会长首先想到的是以发达国家水平的设施去迎接顾客,并提前预想未来顾客应该享受的幸福感,那是件多么难得的事情。如果他的出发点仅仅是卖更多产品,那么我们一定打造不出如今的百货商店形象。他的最大期待是,顾客在乐天能享受快乐的购物空间,享受被优待的尊贵地位。

每次创立新事业时,辛会长都会强调一点,"事业一定要以让顾客快乐为目标"。在首尔蚕室地区的一片荒地上建立乐天百货时,他也同样强调过这一点。商业地产并未发达的当时,员工几乎想象不到,在百里荒地建造购物商圈是怎样的景象。后来,当员工们担心不知该卖什么产品时,辛会长指出"去平仓洞,那里有答案"。如今的平仓洞繁华不再,曾经那里是人们购物、娱乐的繁华闹市区,很多人从老远的地方特地跑来消费。辛会长提到,"那么多人愿意远道赶过来,只有一个原因,那里有他们喜欢的东西、有他们喜欢的美味。只要提供顾客想要的产品,一切问题就能迎刃而解,因为我们存在的意义就是顾客,我们的事业因为顾客而存在"。这就是辛会长一贯坚持的观点和思维方式,从不犹豫,势在必行。

要看远处

在蚕室乐天百货购物中心开业前，那个地方是荒凉的沙堆，石村也不过是污水沟，周边都是种瓜的菜地。辛会长要在那种地方建立购物中心时，员工们都是抱着怀疑和担忧的态度。那么大的面积，该拿什么来装满这荒凉的土地？怎么做？建什么？员工们毫无头绪。更何况，周边没有任何配套的商圈。"商圈肯定能建起来！"辛会长斩钉截铁、毫无怀疑地说道，"蚕室乐天百货购物中心开业后，两三年之内这里将迎来严重的交通堵塞问题。"事实是，几乎不出两年，他的话就已经完全被印证了。丰富多彩的主题商业、主题广场、宾馆、百货、专卖店等，这里成了一个应有尽有的商圈，具备了一切顾客能与家人娱乐所需的设施，是首尔最大、最繁华的重点商圈之一。

第一次在小公洞建立乐天百货时，他的期望并不在华丽的装修与陈列。而是让顾客享受快乐和幸福的购物空间。辛会长走遍世界各国的消费市场，掌握了百货业的变化趋势，心里早已规划好了未来 10 年、20 年的事业蓝图，而且提前做好了备战准备。我想，今天的小公洞乐天百货商圈的样子，应该就是 1979 年时辛会长脑海中描绘的样子吧。

辛会长的身心都是向着销售现场的，经常亲临现场的他也留下了不少佳话。有一次，辛会长在促销活动期间亲临现场了解情况，现场经理为了便于领导视察，请顾客让道，这情景让辛会长深感不悦，痛斥道："我与顾客谁更尊贵？在这里最尊贵的人就是被你轰赶的那些顾客！我来是想要看看顾客在这里是否感到愉悦，是否享受到良好的服务，却被你这样对待，成何体统！"

一个经营者怎么可能做好对不自信事业的经营呢？企业家要掌握市场的发展趋势，也要了解顾客的变化，思想要超前于市场经济发展，这样才能让企业长久发展。辛会长就做到了这一点，他为未来投资、为不时之需做准备，困难时期也在为未来的美好前景做准备。

"经营有好有坏，企业在好的时候必定会经历瓶颈阶段，越是那样就越需要提前做准备。"这是辛会长不断强调的一点。很多企业就是放松警惕，在没有任何防备时遇到困难而倒闭。人在富有时挥霍、贫穷时畏缩，企业也是一样的。经营者的想法与观念，左右着一家企业的成败。但是时刻为危机而做准备的企业必定能存活到最后，有些企业正是因提前做好了准备，在大家艰难地度过危机时，他们迎来的却是持续的增长。

另外，企业在多元化发展上能够取得成功，也是因为辛会长的持续不断的准备精神。他在力求稳定发展的同时，一旦看好了时机或做了决定，就表现出坚定不移的执行力。他常说，"绝对不要碰不熟悉的业务"，"创业前期必须要做好一切调查研究"，"贷款的原则是，在即使是事业失败了也不会殃及任何人的范围之内借钱"。

正义的企业家精神造就成功的企业

创办企业，提供就业，以正道经营让员工们过上无忧无虑的生活，并希望顾客在这样的氛围下享受幸福，这一切如果没有企业家严密的洞察力和强而有力的执行力，都不可能实现。

乐天有着"3L"哲学——爱（love）、生活（life）、自由（liberty）。爱代表不论是谁来到乐天,必定要享受爱与幸福;生活是指组建充满幸福的、丰裕的家庭;自由指了解超前的文化,真正地去享受自由。回首乐天集团的发展历程与辛会长一路打造的雄业,就能感觉到集团的每个人都致力于体现"3L"哲学。

《经济学原理》的作者、英国经济学者阿尔弗雷德·马歇尔博士对经济的"骑士精神"解释为"冷静的头脑和温暖的胸怀",他钻研需求与供应的平衡关系,强调经济学是不忽视弱者的学问,并认为经济学应协助提升人们的福祉。另外,出生于奥地利的经济学者约瑟夫·熊彼特博士强调的则是企业家精神,他对技术革新的定义是新的生产方式和新的产品的开发,引领技术革新的人就是革新者。他列举的革新者应具备的条件包括,新产品的开发、新的生产方法、新市场的开辟、新原料与辅料的供应、新的组织、提升劳动力等。

通常的企业家精神是指拥有面对挑战的革新与创新精神,并有预测未来的洞察力。但近期业界对企业家精神有了新的定义,具备顾客第一、企业报国、人才培养、公平竞争、劳动者福利、社会责任感意识的企业家,才算真正拥有企业家精神。

存活下来的企业都应有企业家精神的经营理念,而不仅是世界第一企业或传统的老企业才该具备。关键在于创立并发展企业的过程中,这种精神理念向员工和顾客传播着积极正面的影响,并为人类文明和社会发展做着不可磨灭的贡献,这个过程就是传承和发展企业家精神的过程。长期被人爱戴的世界级知名企业,就是一直坚持着将这种纯粹的企业家精神作为原动力发展起来的。

此时此刻,正在准备创业的人们,希望你们能够真正看到创业者应以怎样的精神理念认真地思考经营和发展企业,而不是只追求眼前的利益和短期稳定的发展。

　　有很多企业家的精神有必要去学习和回味,如同前人的智慧会成为我们人生道路的指南,优秀的企业家精神也将成为推动韩国企业发展的重要经验。

知恩图报

企业想要取得成功，有灵魂比什么都重要。

有灵魂的企业向社会报恩

东国制钢①的创始人张会长在 1975 年临终前，给朴正熙总统②写的一封信中提到"我将我持有的所有财产捐给国家和社会"，之后将 30 亿韩元(约相当于现在的 3000 亿韩元)全部捐给了国家。他经常对家族的人讲，"资金就像流动的河水，如果停止流动，资金就会变成死水，将会腐烂"，"我的财产不专属于

---

① 东国制钢是一家韩国的钢铁工业企业。其总部位于大韩民国首尔特别市，该公司的工厂分布于韩国各地。其主要产品为造船用以及建筑用钢铁。东国钢铁为世界排名第 49 名的钢铁工业企业，在韩国仅次于现代集团旗下的现代制钢以及浦项钢铁。——编者注

② 朴正熙是韩国第 3 任、第 5 至第 9 届总统，正是朴正熙带领韩国实现工业化和经济腾飞，1979 年遇刺身亡。他的女儿朴槿惠在 2012 年成功当选韩国总统，同时也是韩国首位女总统。——编者注

我自己,只不过是暂时寄存在我这里,我代为管理,所以我不能挥霍其中的一分钱"。他的家人一直传承着他的遗嘱,直到现在的第三代继承人也坚持运营着奖学金基金会,向社会做出回报。

现在,越来越多的人致力于回报社会。人类是具有社会组织能力的动物,企业也是社会中的一个生命体。企业经营得好能造福人类,企业的发展需要社会,社会也需要企业。因此能合理有效且正确地经营企业,必然将造福社会。

进入2000年,世界各国企业回报社会的活动经常展开,经过全球金融危机后,更加凸显了它的重要性。

IBM将创立100周年的日子定为"奉献日",并组织顾客、供应商、已经退休的工人共计30万人在120个国家举办了5000个志愿者项目。另外,历史悠久的通用电气公司(GE)同样组织5万名以上的成员举办了各种志愿者服务项目。

为何企业开始关注回报社会呢?

第一,顾客的需求正在变化。2011年8月,经韩国全国经济人联合会调查显示,78%的消费者表现出"品质相同的条件下,即使价格贵也会选择社会贡献多的企业"。曾经重视功能与品质的消费者,越来越重视自身在社会价值中的体现。

第二,企业的责任对象被放大。过去,企业一般将目标放在股东利益放大化,如今提高利益关系人的满意度成为了企业首要目标。

第三,区别于其他企业。仅靠技术和设计进行差异化,已经很难满足企业,通过回报社会体现企业价值和经营的方式,有利于自己区别于其他企业。

企业想在回报社会中取得成功,必须做到有"灵魂"。为企业注入灵魂意

味着向外界传播诚挚的奉献精神,若企业对社会的奉献仅是搞形式主义,反而
会引起公众的反感,无法得到顾客的信任。这种回报应持续进行,也要与企业
的发展方向一致。

社会的成员才是企业真正的存在目的

庆州的崔氏家族世代流传下来的家训:

- 不要从事进士以上的官位。

- 饥荒时不要圈地,超过一万篓以上的财产要还于社会。

- 要热情款待过客。

- 确保周边百里内没有饿死的人。

- 娶进来的媳妇,要穿三年布衣。

这里蕴含着古人遗传下来的"地位高责任重"的精神,看到如此的"持家之
道"就能得知崔氏家族久世闻名的原因。

生产更多商品、创造更多的出口贸易、赚取更多的外币、创造更多的岗位,
是经济发展时期的企业的重要作用。当然这种作用对于当今的企业依然很重
要。然而,如今人们要求的企业对社会的责任感越发高涨、特别是人们更加关
注大企业如何将企业获得的巨大利益回报给社会。如今这已经远远超出了它
本身的字面意义,已经成为了企业的另一种生存战略。

顾客对具有长远环保战略的企业也会给予很高的评价。韩国造纸业企业
Yuhan—Kimberly 公司长期进行"绿化家园"的植树运动,为企业树立了良好的
形象。

通用电气公司(GE)在 2005 年 5 月树立的未来核心战略方向是保护生态环境——绿色创想计划,GE 的口号是 imagination at work 梦想启动未来。

通过环保经营战略,GE 得到了社会各界的广泛关注,他们为此投资了大量资金,开发出提高节能效率的产品和技术,并为公司带来了极大的利益。

日本的丰田汽车公司很早就制定了以环境保护为核心的经营战略,并开发了备受世界瞩目的混合动力汽车。1997 年,陆续上市的以普锐斯为首的各种混合动力汽车型号,到 2012 年全球累计销售量达到了 500 万台。混合动力汽车在韩国国内的销量也在慢慢上升,可以看出国内的消费者开始慢慢关心环境问题,并且具有一定的专业知识,这也在购买决策中起到了至关重要的作用。

在产品和服务中,考量环保将会耗费相当大的费用,有可能成为企业经营活动的制约因素。但是改变一下观念,这会创造新的市场。在发达国家,早已将企业的社会责任感和环保意识加入到了考核被投资方的标准内,未来没有环保意识的企业,将被投资方拒之门外,顾客也将慢慢远离它。包括制造业在内的所有对环境造成一定破坏的企业,这些企业如果真正意识到破坏环境的严重性,那么这些企业更有义务和责任为保护环境做出转变。

在零售行业,各家争先恐后地开展着各种活动,设置节能设施来降低二氧化碳的排放。这种环保行动层出不穷,像环保购物袋、环保购物筐、绿色里程碑等。

因环境污染和破坏导致世界范围的自然灾害不断加重,因此消费者对环境变化的反映越来越敏感,购买产品时,会更加周密地去考虑对环境的影响,这让企业有了危机意识。

　　很多企业正在往环保领域扩张,将环保工作看作是对企业的投资、对未来的投资。可持续发展的战略更需要积极推进,最终具有环保意义的经营,将会是企业必选的生存战略。

全世界的消费者都是我们的顾客

产业在发展、顾客需求在进步、消费的形态在改变，如不能及时应对变化中的时代，你将被市场淘汰。

向世界展现我国零售产业的发展

在我担任百货商店的代表理事期间,曾被任命为韩国零售业协会会议主席。韩国零售业协会的附属协会有百货商店协会、连锁店协会、便利店协会、网购协会、直销协会、特许经营店协会等。附属协会都以社团法人的形式运营,韩国零售业协会将这些团体联合起来,由大韩商工会议所的员工承担相关事务局的业务。

2009年秋季,由大韩商工会议所、亚洲太平洋零售业联合协会、韩国零售业协会共同举办了第14届亚洲太平洋零售商大会。大韩商工会会议所孙庆植担任会长、我担任组织委员长，一起负责大会的准备工作。

2009 年受甲型 H1N1 流感影响，全世界范围的大型会议大部分被取消，在这样的氛围下，要组织亚太地区的大量零售业人士参加会议，使得参会的零售业者和所有关联人员都倍感紧张。亚太零售商大会由日本、中国等共 17 个会员方每两年循环举办，可以说是亚洲地区零售行业里最大型的会议。自 1985 年第 2 届亚太零售商大会在韩国举办之后，24 年以来，韩国迎来的第二次大会，也是能够很好地展现近几年有着突飞猛进发展的零售产业现状和传播文化的机会。大会以全世界零售发展趋势和零售市场现状的发表、未来前景和发展方向方面的研讨、丰富的全球商品展示等为主要内容展开。包含了亚太地区的 1000 多家零售商在内，共 24 个国家和地区 3500 多名人员参会，会议规模超出了 2 年前在东京的规模，会议的气氛也更高涨。这次会议参会的外国来宾比 2009 年在韩国国内举办的任何一场大会都多，是非常成功的一次大会。

参会者访问了乐天百货，我们有幸与日本零售业协会会长中村胤夫有了一次访谈机会。中村会长是日本最古老、最高端百货——三越百货的最高经营者，并担任着东京商工会议所的顾问。他在 1961 年入职三越百货公司，2005 年升到最高经营者之位，因此他和我一样对零售和零售业（特别是对百货商店）情有独钟。日本的经济泡沫破裂，连续 10 年经济负增长，而韩国的百货商店却是表现出与日本截然相反的快速生长的趋势。社会老龄化与低生育问题向日本百货界提出了"选择与集中"的课题，意指只有顾客需要的百货商店才能生存。韩国也经历过外汇危机时期，地方性的中小百货店也曾因经营恶化陆续被大型百货商店收购。为了确保收益，只有提供最好的商品、差异化的服务，才能克服正在面临的困难。

　　日本的服务精神世上没有任何一个国家能比，韩国的零售界借鉴了日本的服务精神，并致力于将服务改造为更完善、更适合韩国国民的服务。中村会长在谈话中表示，虽然韩国百货业的起点晚于日本，但在顾客分析和提供符合顾客需求的产品方面，韩国超越了日本。并且，他表示出对韩国零售企业能实现多元化零售发展的羡慕之心，并惊喜于韩国建立了符合不断变化的顾客生活品位和消费倾向的流通渠道。

　　其实无比苛刻和高水准的顾客喜好，是我国零售产业发展的根本动力所在。在企业的立场很难实现完全满足顾客的要求，特别是百货商店，除了提供最好的商品外，致力于提供高质量、高品位的服务，也使得他们掌握了绝对的竞争力。在世界范围的金融危机背景下，也依然能底气十足地宣传和进军海外市场。

　　乐天百货首次开店于 1979 年，那时新世界、美都波等百货早已扎根在韩国零售业，乐天属于后起之秀。但乐天百货在小公洞开店不久就占据了行业第一，直到现在依然是零售界的老大。我认为，这是因为有"开辟者精神"才得以实现的。在乐天百货出现前的韩国，3000 平方米已经是最大规模的百货店了，但是乐天百货第一家店当时的占地面积就已达到 7600 平方米。这在国内起到了标杆效应，也是乐天百货创造出的新模式。

零售产业的发展，拉近了通往先进国家的道路

　　零售产业对顾客的生活形态的变化非常敏锐，这不是单纯只做买卖的行业，市场也不仅仅是交易的场所，零售有着平衡消费与生产的作用。

零售行业的核心是,将最好的产品在最佳时间以最合理的价格销售,正确地理解和迅速地掌握消费的变化是零售行业的重要课题之一。而且,在城市中建造市场,连接消费者和供应者,将零售商互相联系在一起也是零售产业的作用。

乐天百货首次开业的 1979 年,正是生产导向过渡到需求导向的时期,也是供应不足过渡到消费膨胀的时期。在这样的时代背景下,乐天可以非常自豪地说,为韩国的零售行业的发展奠定了基础。

1979 年,当时政府不允许在首都中心开百货商店。但是,从乐天以"乐天购物中心"为名开业后,经济发展的模式越来越多样化,消费者对产品的需求也在发生着改变,为零售行业带来了突飞猛进的发展。从此,百货商店不再是单纯的购物空间,开始针对不同的消费群有了相对应的购物中心,还有以家庭为对象的郊外购物中心、社会上流人士的高端奢侈品购物中心,更有多元化主题概念的空间。曾经零售的重心是商圈或设施,如今零售的业务发展成为以服务为重心的文化产业。百货商店的销售额反映出了国内消费动向,同时也反映了国内经济指标的趋势。

企业也是个生命体,它会经历诞生和死亡。企业以适应环境为战略,追求的是不断的变化。但是,始终不变的是"以顾客为中心"的经营方针。具体来说,是为顾客提供和展现丰裕的生活、提供优质的产品和服务、不断创造顾客的新价值,这也是乐天不断追求的方针。顾客是为乐天和所有企业提供人生平台和有价值的岗位的主体。

经过 IMF 式经济改革之后,我国经济最大的变化是,外国多样的企业可以进入国内直接营业。很多产业部门开放,积极地看待这些先进资本的进入。

但是,从国内企业的立场上看,就是要与世界级企业进行搏斗,这是一个残酷竞争的开始。

但是很多国外零售商们自信满满地进军韩国市场,最终坚持不了几年就撤出韩国。临走时,他们将运营的商店卖给了韩国国内企业。

为什么世界级的零售商,例如沃尔玛、家乐福等都无法在韩国立足呢?

第一,对韩国消费者不了解。他们进军世界各国时,是将本国的成功模式直接挪用过来,用同样的模式对待不同国别的消费者。他们不了解韩国消费者,更不了解韩国的零售业是经历了并在怎样的时代背景下发展的,因此他们未能了解韩国消费者的根本需求。

第二,在店铺设计和核心岗位上采用自己国家的员工。相信他们派遣过来的都是精英骨干,但是在本国取得成功的他们,并没有在了解韩国人的消费模式上做出努力。比如,当时的韩国还没出现大型折扣店,因此还未有大量低价产品的消费形态,韩国消费者即便消费大量的产品,也很喜欢能够亲自触摸和体验。但是沃尔玛不顾消费者的需求,固守着廉价品的仓库陈列方式的店铺。他们从没思考过,该怎样接近消费者、怎样才能打造出消费者热爱光顾的店铺。另外,不理解韩国规则的情况下,依然固守本国的方针,在与韩国供应商之间的合作关系上也不顺利。

在韩国的惨痛经历,成为沃尔玛进驻中国市场的教训,并在本地化业务中做出了不懈的努力。最后当他们真正认识到本地化的重要性时,顾客早已离去,事态已然无法修补。

韩国消费者对零售业的期待,相对比其他国家要高一些。例如,美国消费者在购买廉价产品时并不期待其他的服务,但是韩国消费者不论购买贵的还是便宜的产品,都期待着能享受优质的服务。在他们的立场上看,这是理所应当的事情,因此韩国的零售业服务质量领先于其他国家。韩国的服务从百货商店开始并得到发展,服务的质量与服务价值的提高全靠韩国的消费者,是国内的消费者推进了当今韩国零售业的发展。这就是为什么韩国零售产业在这么短的历史背景下,能够以如此之快的速度发展,关键在于提供差异化的服务。

韩国的百货业也曾出现过企业蜂拥而至的时期,但如今只有3家大企业主导着市场。不仅在人力、物质、资本方面相对稳定,而且在规模和服务的提供方面也占领着领先位置,并不断地在成长。他们并不满足于这些,适应时代变化的同时,不遗余力地满足着各种消费者需求,正是消费者推动了韩国零售产业的多元化发展。美国、日本等国家并不具备像韩国一样多样的零售形态,例如针对百货商店的产品和服务、折扣店、网上购物、便利店和超市等,都以紧密贴近顾客的日常生活的战略发展着。因此我们更加期待韩国零售产业的发展,并敢于自信地说,我们做好了一切进军世界的准备。

未来,我们要继续研究顾客。全球零售企业在韩国经历的失败,是韩国进军其他国家时极有可能会遇到的问题,将此可作为"他山之石"运用在零售产业的改革和发展道路上。

走向全世界舞台的韩国零售产业的未来

大学毕业后,我在韩国市场营销开发中心学习时,为自己树立了为期5年的从事零售工作的计划。而到如今,我已经在零售业与它共同成长了40年之久。在新世界开连锁店时,几乎看不到未来韩国零售业的发展前景。尽管零售产业必然会与其他产业一起成长和发展,但因对于零售产业的认识不足,且政策也侧重于出口业务,因此,当时的韩国很少在政策中反映其重要性。

零售产业属于第三产业,其关键作用在于连接生产者和消费者,将生产商制造的产品送到消费者手中。

根据产品、制作过程、顾客需求的不同,产品的流通过程也呈现出多样化。有时生产商直销的模式也受到消费者的欢迎,但是可以直销的产品种类有限。零售业是将生产商努力制作出来的优质的产品提供给消费者,因此零售产业被归纳到第三产业。

如今随着零售产业的发展,它的作用有了进一步升华,不再是单纯地将产品提供给消费者那么简单。如今不仅要理解消费者的需求,更要协助生产商研究和掌握消费者的需求,使得生产商能够专心于制造业务,还要帮生产商调查对标产品①的客户群和开发顾客,并要使顾客聚集到有产品的地方,或者将产品供应到顾客聚集的地方。因此,不论在了解生产商还是与顾客需求相关的业务上,零售商的作用正在迅速扩大。

不论社区的传统市场还是大型超市或者是百货商店,零售业的竞争不论规模大小一直激烈延续着,一切都是为了生存而展开的竞争。人的生活离不开传统市场,也离不开大型超市和百货商店,这两者区别在于消费者需求的不同,每种生命体的生存方式也不一样。竞争的胜败与规模大小没有直接的联系,但是需要密切注视产业和消费者需求的变化,以及社会的发展趋势,不然,将免不了被淘汰的结局。巨头企业 IBM 曾因错误地理解了顾客需求而面对巨

---

① 对标产品,是销售活动中常见的分析。在做产品分析时,需要将主要竞争对手的产品跟我们的产品进行对比,这种比较也称为对标产品。——编者注

大的挑战,而曾经不过是个小规模硅谷公司的苹果如今引领着全球消费者的需求。曾经的胜者很有可能成为明日的败者,今日的弱者极有可能成为明日的强者。但如今,韩国的社会由于过于沉迷竞争状态,以至于忽略了共存与扶持,一方以资本为武器,另一方以政策为武器,互相对峙的结果无益于任何一方,这让我不禁感到痛惜。

零售业是要将好的产品以合理的价格提供给顾客,让顾客在舒适的场所进行消费。有生产商和顾客的存在,才成就了零售业的产生和发展,我们更需要平静地坐到一起,共同探讨零售产业的发展。

韩国零售产业将走向世界

乐天集团连续 4 年被列入全球道琼斯可持续发展指数[①],而且连续 3 年被国内零售业选为"业界领先企业",刚进军中国不久的乐天玛特超市已在中国开店 100 家。

乐天已经走出了韩国、日本,正向着东南亚进军,不久的将来会走向美洲与欧洲。

在零售行业,不论规模或业绩,沃尔玛都是当之无愧的世界第一。沃尔玛的年销售额将近 4000 亿美元,做零售业务的企业,如何能成为世界级的企业呢? 零售业的魅力在于,它的销售额随着店铺数量的增加而递增式发展。零

---

① 道琼斯可持续发展指数(The Dow Jones Sustainability Indexes, DJSI)颁布于 1999 年,主要是从经济、社会及环境三个方面,以投资角度评价企业可持续发展的能力。道琼斯公司可持续发展指数是全球最重要的公司可持续发展能力评价指标体系之一。——编者注

售业的主要产品都是生活必需品,与消费者的日常生活密切相关,只要正确满足消费者的需求,不论何时何地,消费者自然会主动上门。沃尔玛从人口数量和人均所得较高的美国开始出发,进军世界各国,现位居世界零售行业的第一。沃尔玛店铺数量的增加,也使得成千上万的供应商的商品遍布全世界,零售业的发展可以带动它背后的关联产业的发展,促进经济的发展,创造就业机会,因此零售业为经济的发展做出了很大的贡献。

乐天集团是韩国零售行业的领军企业,像乐天集团一样有着百货商店、折扣店、超市、便利店、网购、电视购物等多种零售形式的企业,在全世界并不多见。乐天集团具有的竞争力,使得我们走到能接受任何一家国际企业的挑战。当然,与 2011 年的沃尔玛销售额相比之下,乐天集团仅达到前者的 1/20。网点遍布全世界的沃尔玛,没有任何一家企业能追赶。但是乐天集团最早在日本创建,在刚进入韩国时,以日本乐天的 15 倍的增长速度在发展。以韩国和日本的人口和人均所得水准相比,那是非常惊人的成长速度。

零售业可以透过人口的数量,预测未来的发展空间。像中国和印度等国家,人口多,经济增长速度快,具有高收益、高成长空间的市场特点。特别是中国,如果能在中国获得成功,那就意味着像沃尔玛一样走向世界市场的目标,不再是遥不可及的事情。在全世界的国家中,有望超越美国的也就只有中国了。如果能在中国的零售行业拿下第一,那么在店铺数量和规模上,也可称为世界最大的国际企业了。

在人均所得较低的中国市场,即使店铺数量再多,也不代表能实现飞跃式的收益上升。投资是为了确保未来的成长空间,想要走出韩国和日本并向世界进军,必须从中国开始,乐天集团必须在中国取得真正的成功。能实现超出韩国 10 倍、20 倍收益的市场也必然是中国。中国也是我们迈向印度的必经之路。

美国是世界第一的消费大国,但美国的制造业并不强大,如耐克鞋的生产工厂不在美国,苹果公司的产品也几乎不在美国生产。但是,美国的开发技术和零售产业是国家经济发展的核心竞争力。

如今,韩国也正在以先进国产业结构的形态发展着,核心的开发技术与销售策略都源自本国,但是大部分的制造业务都在外移,而零售与销售是面向世界的。

乐天集团在零售业的表现强而有力,并且具有成长为全球企业的潜力。多元化零售的发展要求企业具备高度的洞察力和执行力,而这也是乐天集团进驻中国和东南亚市场,并走向世界的必胜武器。如能够提前做好应对未来的准备,那么乐天集团成为世界第一零售企业的伟大梦想就能成为现实。此时此刻的乐天正不断在多元化市场设立"桥头堡",我相信,未来乐天集团将迎来更加辉煌的明天。

渠道的双赢规则

早期我曾是韩国市场开发中心的研究员,后来在三星集团从事市场营销与渠道业务,从此便与渠道业结下了不解之缘。我在乐天百货创始初期进入公司,在担任了乐天玛特超市与乐天百货的执行总裁后,现如今已经是乐天百货的首席执行官,转眼已在乐天打拼了40多年。

这40多年来,我始终以是乐天的员工而自豪,带着满腔热血、竭尽全力投入到事业中,这许是因为我的性格与优点恰好也符合这个行业。

初升为乐天利的执行总裁时,除了为如何将百货商店的先进服务意识植入快餐业而努力外,还要面对另外一个挑战。乐天百货和乐天利都属于行业内的佼佼者,如何发挥行业引领者的作用和探索未来的发展方向是我们的经营重点。

虽然乐天玛特超市在渠道业那么强大而成功,在折扣领域的乐天玛特超市却远不及同行的冠亚军。为了将乐天玛特超市打造成为受业界和顾客爱戴的企业,我倾注了很多心血。

重返乐天百货后,我也一心致力于将乐天百货推出亚洲,为走向世界成为国际百货而努力。

常言道"10年江山移",现如今2~3年时间就足以改变世界。随着IT行业的迅猛发展,企业间的竞争越发激烈,消费者的要求也日益苛刻,很多企业无法迅速反映这种市场的变化。在这种环境下,企业痛苦地挣扎着,挣扎中我们感悟到残酷的竞争下仅为生存而战并不能使得企业可持续发展。踏过竞争中败下的同行,也未必能独占市场。越是恶劣的环境,就越发需要正大光明且友善的经营之道,朋友多路好走,与竞争者同发展、共求进,才能营造和谐健康的市场环境。可持续发展的企业,才能满足不断提升的消费者的生活质量,也能为社会和国家的经济发展做出贡献。

未来渠道业将随着消费者需求的变化而不断进化发展,这也使得我更加热爱并自豪于曾是投射韩国渠道业发展的一员。我不知道未来还有多长时间能在渠道业工作,但就如过去的40年一样,作为发展和建设韩国渠道业的一员,我将竭忠尽职为国家的渠道走向世界而贡献自己的微薄之力。

图书在版编目（CIP）数据

　双赢的次序:韩国乐天百货创业人亲述合作的逻辑 /
（韩）李哲雨著. 禹美玲等译. —杭州:浙江大学出版社，
2015.9
　ISBN 978-7-308-15044-6

　Ⅰ.①双… Ⅱ.①李…②禹… Ⅲ.①百货商店－商
业经营－经验－韩国　Ⅳ.①F717.5

　中国版本图书馆 CIP 数据核字（2015）第 200962 号

双赢的次序

——韩国乐天百货创业人亲述合作的逻辑

（韩）李哲雨 著　禹美玲 等译

策 划 者	杭州蓝狮子文化创意股份有限公司
责任编辑	曲　静
责任校对	於国娟
出版发行	浙江大学出版社
	（杭州市天目山路 148 号　邮政编码 310007）
	（网址:http://www.zjupress.com）
排　　版	杭州中大图文设计有限公司
印　　刷	浙江印刷集团有限公司
开　　本	710mm×960mm　1/16
印　　张	12.5
字　　数	146 千
版 印 次	2015 年 9 月第 1 版　2015 年 9 月第 1 次印刷
书　　号	ISBN 978-7-308-15044-6
定　　价	35.00 元

版权所有　翻印必究　　印装差错　负责调换

浙江大学出版社发行部联系方式:0571－88925591;http://zjdxcbs.tmall.com